# El Protocolo
## y
# *la Etiqueta*
## de una
# Pareja Exitosa

### *Yelina Nieto*

Fotografía:

**https://www.freepik.com/, https://www.freepik.es/, https://pixabay.com/es** y archivo de la familia.

Edición: Jasmin Sánchez, Ph.D.

ISBN: 978-1-7336489-8-1

# ⊙ Dedicación ⊙

A todos los jóvenes *millennials* comenzando con mis hijos -y a los no tan jóvenes- a quienes les gustaría tener ideas de como empezar y/o mantener relaciones gratificantes y duraderas.

# ◌ Prólogo ◌

Cuando la autora Yelina Nieto me comentó su anhelo de escribir un libro en el cual se aplicarán las normas de etiqueta en relación con el campo amoroso, la idea me pareció muy original e interesante. No he encontrado ninguna otra obra sobre este tema; por lo menos en nuestro idioma castellano. Con lo cual, el libro que ella nos obsequia es de gran valor para todos aquellos que tengan pareja o aspiren a tenerla. Dentro del marco de una relación guiada por buenos modales y principios morales. La autora nos conduce de la mano de forma espontánea, coloquial e íntima por el camino de la construcción de la relación amorosa. Desde el momento en que él y ella se conocen -pasando por el primer beso hasta el punto en el que ambos llegan a la intimidad.

El capítulo *uno*, nos reseña de manera práctica, el cómo cuándo y dónde de la búsqueda de la pareja. El capítulo *dos*, nos sitúa en el apasionante terreno de "Los 5 lenguajes del amor" - basado en el libro de Gary Chapman. Para definir asertivamente qué es lo que realmente queremos de una relación y de nuestro futuro cónyuge/pareja a partir del conocimiento propio y ajeno.

Con respecto a la importancia de mantener aquellos buenos modales de los que hicimos gala al inicio del romance coincido plenamente con la autora. Me consta que muchas de las parejas que vienen a verme a mi consulta, se han olvidado de la aplicación de la regla de oro en sus propios hogares. Tratan mejor a una persona extraña -a alguien que nunca habían visto antes- que a quien Dios eligió para acompañarlos el resto de sus vidas. El buen trato debe darse inclusive en medio de los conflictos, las discusiones y las crisis. Lamentablemente, -cuando estamos ofuscados- olvidamos que el ser humano que tenemos al frente de nosotros, es la persona más importante de nuestra vida. Entonces, tanto nuestro lenguaje verbal como no verbal se reduce al mal trato que le daríamos a nuestro peor enemigo. Pero tomemos en cuenta que nuestro cónyuge/pareja no es nuestro enemigo. Es nuestro aliado. Conformamos un equipo e hicimos un pacto de respeto mutuo que no debiera ser quebrantado.

El capítulo *tres* es referido al inicio de la relación. La autora nos da a conocer su opinión sobre la diferencia de edad existente entre la pareja. También nos sugiere las citas por Internet, mejor conocido por su nombre en inglés como online *dating* como un método válido para llegar a conocer a alguien que nos guste. Así como también nos menciona los lugares públicos ideales para reunirse, entre otros tópicos a considerar. Este capítulo también nos sugiere que evaluemos bien los niveles de compatibilidad con la persona con la que salimos, sobre todo el de los valores que rigen su vida.

En el capítulo *cuatro* se nos sugiere no apresurar la llegada del beso apasionado; y estoy de acuerdo con ello. Numerosos estudios han demostrado que un beso bien dado es el puente al encuentro sexual. A través de la saliva, el hombre transmite testosterona a la mujer y viceversa, y ambos se enciende un mayor deseo sexual. De darse antes de conocerse, por lo menos ligeramente bien, puede ofuscar la razón y conducirnos a vivir la experiencia de un amor "ciego." Y más aún si hay relaciones sexuales prematuras.

En el capítulo *cinco*, se nos recomienda no ingresar al compromiso del matrimonio si uno de los dos -o los dos- tienen la palabra *divorcio* escrita sobre la frente como una vía de escape cuando las cosas no marchan bien. Como nos dice la autora: "Sería como invertir en una empresa –que consideras exitosa al inicio- con la idea de fracasar".

El capítulo *seis* llega cargado de buenos consejos para que el tan anhelado encuentro íntimo resulte inolvidable, tomando en cuenta detalles que mucha gente pasa por alto.

Finalmente, en el capítulo *siete*, la autora incursiona esencialmente al terreno emocional y espiritual con las "7 C", basadas en su libro "La Convivencia en Armonía", que nos ayudarán a tener una buena relación de pareja; y aporta algunas valiosas recomendaciones finales, tales como:

▪ Aprender a compartir, comenzando por nuestra cama, pertenencias y el espacio en general. ▪ Buscar la manera de mejorar cada día en pro del bienestar familiar. ▪ Enfocarnos en lo positivo. ▪ Ser tolerantes con las diferencias. ▪ Ser fieles sentimentalmente. ▪ Perdonar. ▪ Salir de la rutina cada vez que podamos.

Definitivamente, un excelente libro de protocolo y etiqueta para una relación exitosa, en pro de una convivencia en armonía para aquellas parejas que desean construir una relación sólida, feliz y duradera.

Cecilia Alegría
-La Doctora Amor-

# ☼ Presentación ☼

En la vida actual, -donde el tiempo pasa a una velocidad vertiginosa- buscamos precisión y todo de una manera práctica y directa. Ya que desde que nos despertamos, en un abrir y cerrar de ojos, estamos de nuevo en nuestras camas y ya listos para dormir. Como pasamos la tercera parte de nuestras vidas durmiendo, nos gustaría tener una grata compañía que esté con nosotros antes de dormir, durante nuestro sueño y al despertarnos. También queremos tener quien nos acompañe al cine, al teatro, a un buen restaurante, viaje con nosotros y que, si ya la relación pasa a otro nivel, se convierta en nuestro(a) compañero(a) de vida con la legalidad correspondiente ante las autoridades civiles, eclesiástica o ambas. Es por ello por lo que en este libro deseo transmitirles experiencias, conocimientos -de forma simple, precisa y directa- y la información útil para que puedas obtener las ideas que te orienten en la búsqueda de la persona que sea compatible contigo y que espero, encuentres. Agregué anécdotas basadas en casos de la vida real que te servirán de guía e ilustración.

Así mismo, sabemos que al morir sólo nos llevaremos nuestras vivencias y conocimientos. En este nuevo milenio, las personas sienten una gran necesidad de entenderse a sí mismas y es debido a ello que un gran grupo de autores motivados por estas inquietudes, han escrito ejemplares relacionados con la atención plena, -o como se le conoce en su nombre en inglés: *mindfulness*. De igual forma, otros colegas se han dedicado a dar orientaciones y entrenamientos en materias específicas, mejor conocidos como *coaches*. Muchos autores se han dedicado a los arquetipos de Carl Jung, a las constelaciones familiares y otros temas similares. Tópicos que, sin lugar a duda, nos ayudan a conocernos mejor día a día.

Por otro lado, es importante saber convivir con otras personas en distintas circunstancias que aparecerán en nuestras vidas. Como lo ha sido, por ejemplo, la de encontrar a nuestro príncipe azul o a la mujer ideal, casarnos y *vivir felices comiendo perdices*. Por eso hoy te presento, mi nuevo libro, *"El Protocolo y la Etiqueta de una Pareja Exitosa"* deseando que te sea de una buena ayuda para que las vivencias que tengas con tu pareja sean tan placenteras, que te acompañen por el resto de tu vida.

Ocurre que cuando observamos a una pareja enamorada que lleva muchos años juntos y con una relación estable, en ocasiones nos preguntamos: ¿y cómo habrá comenzado este vínculo? ¿Cuál es su secreto? ¿Cómo han durado tanto tiempo y continúan felices? ¡y allí está el detalle! Porque lo que bien comienza, tiene mayor posibilidad de tener un buen final. En este libro te daré la perspectiva desde el ángulo orientado hacia el modo de actuar con tu pareja. Basándome en los principios y normas sociales, el protocolo y los buenos modales.

Notarás el uso frecuente del número siete (7). Según expertos en numerología, el número siete (7) es la unión del número tres (3) que significa lo supremo y la perfección, y el número cuatro (4) que está relacionado con la orientación terrenal y los puntos cardinales. Por lo tanto, el número siete (7) es un número donde se juntan el cielo y la tierra. Maravilloso si lo relacionamos con la pareja.

En otro orden de ideas, si relacionamos el número siete (7) con nuestro día a día, lo notaremos en ejemplos conocidos por todos, tales como: los siete enanitos de Blanca Nieve, los siete días de la semana, etc. Por demás, es un buen tema de investigación y de conversación con tu futuro enamorado(a). Y si eres amante de la música seguro que eres un experto en el uso de las siete (7) notas musicales. Basado en ello, y favoreciéndonos de la Cábala que nos ha acompañado por siglos, he decidido compartir con ustedes siete (7) maravillosos capítulos que enriquecerán sus vidas y les ayudarán a tener un amplio conocimiento sobre: *El Protocolo y La Etiqueta de una Pareja Exitosa.*

Deseo compartir con ustedes que, aunque la realización de este estupendo material ha sido dirigida a esta bella generación de *millennials*, es también un contenido para todo aquel que le sea grato y beneficioso la lectura de este ejemplar.

Atentamente,

Yelina Nieto
Autora/Escritora

# Contenido

# Capítulo Uno

# La búsqueda del Amor

*"El alma que hablar puede con los ojos, también puede besar con la mirada".* Gustavo Adolfo Bécquer.

C uando pensamos en el amor, nos viene a la mente un bello poema o una canción que nos gustaría bailar con la pareja ideal. La búsqueda de ese ser que se convierta en nuestro amigo, confidente, compañero de tertulias, bailes y viajes, nuestro amante y quizá cumpla también con otras funciones como "el hombre o la mujer orquesta". Sin embargo, para encontrarlo -o mantener al que ya tenemos- es recomendable la lectura del presente trabajo: *"El Protocolo y la Etiqueta de una Pareja Exitosa"*.

Es importante tomar en cuenta en donde vas a buscar a esa media naranja, a ese compañero(a) con quien te gustaría compartir tus ideas, proyectos, alegrías, tristezas y hasta aquella relación íntima deseada por ambos. Por ello, es de mucha importancia saber a quién le vas a dedicar tu tiempo y tu energía, ya que si tienes una buena madera puedes hacer un buen mueble. Si lo comparamos con aquel terreno en donde se pretende sembrar, ¿qué harías? no vas a sembrar en un terreno rocoso ni tampoco en uno árido porque sabes que los resultados no van a ser los que esperabas. Así es que, si deseas buscar la pareja ideal es recomendable saber cuáles son las condiciones adecuadas para hacer ese sueño realidad. Con frecuencia, mi madre solía decirme que nos relacionáramos siempre con personas que tuviesen una buena educación y más aún cuando se tratase de un enamorado.

Por ejemplo, podríamos comenzar con una persona recién conocida donde a través del intercambio de ideas y compartiendo varios momentos, la relación podría modificarse de acuerdo con las circunstancias que se nos vayan presentando en el futuro. Y con aquellos conocidos que no nos inspiran confianza -ni siquiera para entablar una sana amistad- no pasarán de saber que nacimos como todos, de un papá y de una mamá, y a veces ni les diremos sus nombres. Porque nuestra intuición nos alerta que esta *persona* no es de fiar. Algunas de nuestras interacciones pueden ser con personas que no sintamos el flechazo de Cupido al comienzo de la relación. Tal vez -con el tiempo- podrían convertirse en maravillosos amigos porque, aunque existe la condición intelectual que los une; falta la química necesaria para una relación amorosa. Y recordemos que sin este ingrediente tan importante... sería un paso forzado dirigirse hacia la intimidad. Otra alternativa, sería irse enamorando a través del trato con esa persona. Por la forma de actuar, pensar, por la atracción que desde un comienzo existió o comienza a florecer; y asimismo, gracias a pequeños detalles. Como, por ejemplo: llevarle unas bellas flores a la chica cuando la visita, o la chica podría hacerle -a su vez- una atención al chico que le interesa.

En una oportunidad, le pregunte a mi ahijado de 20 años ¿Qué debería hacer primero un joven que quisiera buscar una pareja? y me respondió lo siguiente: "Antes de querer conocer a otra persona, debemos comenzar por conocernos a nosotros mismos". Me pareció muy acertada su respuesta.

Así pues, analizaré contigo como buscar a la pareja ideal tomando en cuenta que mientras más jóvenes somos, más alternativas existen. Cuando digo jóvenes, no me refiero a preadolescentes ni adolescentes. Recuerdo que uno de mis hijos a sus doce años me preguntó un día que, si podía tener una novia, y mi contestación fue la siguiente: *una novia es una persona que queremos conocer mejor y con la intención de casarnos.* En consecuencia, él a su corta edad lo que iba a tener era una amiga especial que le gustaba, porque comprensiblemente estaba muy joven para pensar en el matrimonio. A veces, los padres les siguen el juego a sus hijos varones e incluso les parece gracioso que digan que tienen varias novias. Lamentablemente, -estos chicos- después no le dan el verdadero significado al noviazgo. Según el diccionario del español jurídico, el noviazgo ha sido definido como: "Relación afectiva que una mujer y un hombre establecen con vistas a un posible matrimonio". Con lo cual, ya tendrías la edad correspondiente para dar el primer paso y comenzar a salir con la persona que posee las características básicas que ya has escogido en tu lista de prioridades. Al principio de una relación, solo podemos notar el aspecto físico de la persona. Sin embargo, con el trato nos daremos cuenta si posee la educación compatible a la nuestra o no. Como, por ejemplo: principios similares y un buen nivel de afinidad. A través de su comportamiento te darás cuenta de su forma de actuar, y con la conversación conocerás como funcionan sus aspectos mentales.

En ocasiones algunas chicas deseando desesperadamente conseguir un novio, estudian una carrera que les desagrada solamente a la espera del Príncipe Azul. Algunas alcanzan su meta, otras no logran su cometido y abandonan la carrera - terminando así sin novio y sin el título universitario. La recomendación para ambos sexos sería que estudiaran la carrera profesional que verdaderamente les apasione. Y si por circunstancias del destino su futuro esposo(a) se encuentra entre los otros estudiantes de la facultad/universidad, saldrán doblemente favorecidos. Es decir, con pareja y con un título universitario.

Porque hoy por hoy no solo el hombre debe preparase académicamente, también la mujer debe hacerlo. Siempre recuerden que las cosas cuando convienen... vienen.

Como versa el refrán popular *amigo el ratón del queso*. Este dicho solía decírmelo un compañero de la universidad dándome a entender que entre un hombre y una mujer no existe la amistad. Sin embargo, hay ocasiones en donde los amigos podrían convertirse posteriormente en novios y después en esposos. Así mismo, existen innumerables casos donde la amistad continúa existiendo entre un hombre y una mujer con el transcurrir del tiempo. Especialmente con aquellos amigos que se cultivan desde la adolescencia sin necesariamente involucrarse amorosamente.

Ustedes, -los más jóvenes que están leyendo este libro- a veces se precipitan creyendo que mezclando una relación sexual con una relación amistosa permitirá el nacimiento del amor, y no necesariamente es así. Primero, nace el amor en la relación amistosa y después se piensa en tener relaciones sexuales e intercambiar las preferencias íntimas. Ya que, de lo contrario la bella amistad que podía haber continuado entre ambos, sencillamente correría un alto riesgo de perderse debido a la mezcla de emociones mal interpretada por ambos.

---

**Anécdota**

*Una estudiante universitaria que cursaba sus estudios en España -pero era de Chile- se enamoró de un chico también extranjero. Al finalizar sus estudios, cada uno debía regresar a su país de origen. En ese momento, comprendieron que no podían continuar juntos y que los momentos maravillosos que habían compartido en su etapa universitaria, habían llegado a su fin. Habían soñado hasta ese momento, que sucedería un milagro, pero la realidad era que no tenían futuro para sus bellos sentimientos. Tuvieron que finalizar su relación amorosa debido a que ella no podría vivir en el lugar donde él pertenecía; y él tenía que regresar a su país de origen y asumir la posición que le correspondía en la empresa familiar. Con mucha tristeza continuaron solamente con una bonita relación de amistad.*

---

Es importante también saber en qué etapa de tu vida te encuentras. Si estás estudiando una carrera profesional que requiere mucho de tu tiempo y de tu energía, es aconsejable enfocarse en una sola cosa a la vez. Lo conveniente llegará a su debido tiempo, -al final del día- todo tiene su momento y nada ocurre antes o después de lo debido. Se recomienda no tomar ninguna decisión importante antes de cumplir los primeros seis meses de conocimiento mutuo dentro de una relación. Vale la pena destacar que, durante el periodo del enamoramiento, solemos ver las circunstancias de color rosa. En esta etapa, las situaciones las vemos más bellas de lo que en realidad pueden ser y no escuchamos a nadie. Pues cuidado allí, *porque no todo lo que brilla es oro.* Por otro lado, ¿qué podría ocurrir cuando le estás dedicando tu tiempo a alguien que no lo merece? Te estás evitando la oportunidad de conocer a alguien más apropiado para ti y que si merezca tu energía, tu tiempo y tu dinero. He aquí una ilustración de la vida real:

*Érase una vez un príncipe que era muy tímido y estaba muy enamorado de una princesa que siempre veía sentada en un hermoso banco en el parque que él visitaba a diario. Día tras día trataba de vencer su timidez, sin lograrlo. Hasta que un día se llenó de valor y después de practicar por horas como se iba a presentar ante su idolatrada princesa, llegó al parque y se encontró con que la princesa estaba acompañada de un caballero. Con muchísima tristeza se alejó pensando que la bella protagonista de sus sueños ya tenía un enamorado. La princesa lo vio partir sin saber sus verdaderos sentimientos. Lamentablemente decidió dejar de frecuentar el parque y olvidarse de su amada. Lo triste de la historia es que la princesa no tenía un enamorado, era su hermano, pero el tímido príncipe nunca se arriesgó a confesar su amor.*

En ocasiones pensamos que, por tener a alguien a nuestro lado, -debido a nuestras inseguridades emocionales- creemos que no es bueno estar solos o consideramos que llenamos el vacío que sentimos rodeándonos de personas que no le aportan nada a nuestra vida y que además podrían restarnos tiempo y energía. De hecho, podríamos cometer el error de elegir a la pareja equivocada que pudiese destruir nuestra autoestima con la finalidad de hacernos creer que sin esa persona no valemos nada. Cuando esto es un error enorme. Las personas que deciden estar solas lo hacen por voluntad propia, es decir, porque así lo desean. Y esto no las hace desfavorecidas en ninguna sociedad y menos en la evolución actual. Por el contrario, si decidimos mantenernos en compañía por el mero hecho de no estar en soledad, no nos daremos la verdadera oportunidad para disfrutar al máximo de nuestra soltería.

Hay que tomar en cuenta la importancia de nuestras peticiones. Cuando le pedimos al universo algo con verdadera Fe, este siempre nos escuchará y nos ayudará a conseguir nuestro objetivo. La petición debe ser lo más completa y detallada posible. Por ejemplo: una mujer deseó estar rodeada de dinero. Su petición fue concedida y terminó trabajando en la bóveda de un banco rodeada de mucho dinero. Al no ser cuidadosamente específica con su petición al universo, efectivamente estaba rodeada de muchísimo dinero, pero no le pertenecía. En consecuencia, es importante que lo que pidamos sea lo más detallado y especifico posible. Por ejemplo: Si te gustan los hombres inteligentes, cultos, altos, educados, simpáticos, pero no específicas nada más, comenzarás a rezar. Si eres católica le rezarás a la Virgen de Guadalupe, a San Antonio -el Patrón de los enamorados- e incluso lo colocarás de cabeza para conseguir al novio ideal. En tal caso de que profeses otra religión, orarás en su equivalente para encontrar a tu pareja. Sin embargo, gracias a todos tus rezos aparecerá un viudo con todas las cualidades solicitadas, pero con cinco (5) hijos que no deseabas por no haber sido diligentemente específica con tu petición.

Cuando te mudas a una nueva ciudad, existen numerosas asociaciones a las cuales puedes pertenecer para entablar nuevas relaciones/amistades. Por ejemplo, como las comunidades de recién llegados o como se le conoce por su nombre en inglés *newcomers*. Allí, las personas nuevas en el área pueden relacionarse con personas que están en esta misma situación. Por lo general, tienen reuniones periódicas a las que podrías asistir. <u>Nota</u>: Hay un dicho muy sabio que dice: *La dama y el caballero, se conocen en la mesa y en el juego*. Si eres de las personas que le das importancia a la buena educación -fíjate como se usan los cubiertos.

Así mismo, podrías planificar con un familiar o amigo una cita a ciegas. Recuerda que debes ser muy específico con lo que deseas. En una ocasión una mujer divorciada le dice a una compañera de trabajo lo siguiente: "Me encantaría conocer a un hombre muy educado. Preferiría que fuese viudo. De esta forma no tendría problemas con alguna ex. No me importaría que tenga hijos, y también deseo que tenga estabilidad económica". Ya con estos detalles, se pusieron de acuerdo entre las dos. La compañera de trabajo planeó una cita a ciegas con uno de sus amigos solteros que poseía todas las características mencionadas.

Un sábado se concreta la cita en el lugar acordado con el caballero escogido por su amiga. A las 8:00 p.m. de la noche se encuentra en un restaurante con la persona cuyas características físicas no eran compatibles con las que ella se había imaginado. Con lo cual se sintió algo incomoda. No obstante, -gracias a su buena educación- disimuló su desencanto. El caballero se levantó al verla llegar. Ella se le acercó y lo saludó cortésmente dándole la mano, ya que no es apropiado besar a alguien que acabas de conocer. Durante toda la velada su acompañante se comportó educadamente y estuvo pendiente de cada detalle para hacerla sentir como a una reina. Degustaron una exquisita cena acompañada por un delicioso vino rojo, recomendado por el *sommelier*. Sin embargo, a pesar de la bonita noche que pasaron juntos -como la primera impresión cuenta mucho- la mujer considero la cita sin importancia y prefirió no volver a reunirse con este pretendiente.

Algunos creen que tener un novio(a), significa que somos ampliamente aceptados socialmente. Otros asocian a la pareja con un trofeo, especialmente si es el más bello(a) del colegio, de la universidad o del lugar de trabajo. También existe la falsa creencia de que valemos más -como ser humano- si estamos acompañados sentimentalmente. Sin embargo, hay que tomar en cuenta que existen personas muy valiosas y quienes por decisión propia están solas -en cuanto a pareja se refiere- porque como dice el dicho: *más vale estar solo, que mal acompañado.* Del mismo modo, también existen mujeres que se vanaglorian diciendo: *prefiero desvestir a un borracho que vestir santos,* lo cual se traduce como que desean casarse a toda costa olvidando que verdaderamente la mejor compañía que podemos tener es la de nosotros mismos.

Si quieres tener una relación que de verdad valga la pena - la búsqueda de dicha persona debe ser en el lugar adecuado. Si quieres a una persona que no sea fumadora o que no le gusten las bebidas alcohólicas, no la vayas a buscar en un bar. Si quieres una persona tradicional y con principios similares a los tuyos, no la busques en una comuna de hippies. Lo más seguro es que debas buscar en los lugares adecuados como grupos de amigos, que tengan el mismo ritmo de vida que tú. Si deseas buscar una pareja contemporánea como tú que vea la vida con seriedad y sea responsable, no frecuentes los circos, parques infantiles, ni lugares ideales para la gente más joven que tú. Se te aconseja visitar los museos, bibliotecas, las salas de arte, el teatro y aquellos eventos importantes de la ciudad donde residas. Inscríbete en asociaciones donde haya afinidad con tu forma de ser o de ver la vida.

Antiguamente, la mujer no quería estar sola porque socialmente y hasta para ir a ciertos lugares o eventos cuando estaba acompañada, era mejor vista. Vale la pena mencionar, que todavía hay lugares en el mundo donde es inapropiado que las damas asistan sin un acompañante a un hotel, se sienten a comer en un restaurante sin una compañía, o que se tomen una bebida alcohólica en un bar. Ya que aún existe la creencia –para algunos- de que si esta mujer está sola es porque anda a la caza de una pareja o se dedica a la vida ligera buscando posibles candidatos en restaurantes, bares y hoteles.

Hoy por hoy, tanto en el mundo occidental como en otras partes del mundo el sexo femenino ha superado esta etapa. Actualmente, altas ejecutivas y mujeres empresarias almuerzan en restaurantes solas porque están de paso por un lugar o un país. Están en el lobby de un hotel ocupadas con sus teléfonos celulares, sus computadoras portátiles o tal vez esperando a una persona relacionada con su trabajo sin inconveniente alguno.

Los tiempos han ido cambiando y las mujeres -sin ser ejecutivas- además de los restaurantes, también pueden ir solas a fiestas, un teatro o al cine. Así mismo, algunas mujeres hasta se atreven a sentarse en la barra de un bar sin la intención de buscar pareja. Sólo lo hacen con la intención de disfrutar un delicioso cóctel. En estos casos, siempre debe prestarse atención a la vestimenta, al largo de la falda y al comportamiento para que, de esta forma, se evite enviar señales equivocadas a las personas que están a tu alrededor. Así también podrás prever situaciones desagradables -sobre todo en ciudades o países conservadores como les comenté anteriormente. Además, puede darse el caso de que debido a una distracción suya; podrían colocarle algo intencionalmente en su bebida y el hecho de estar sin compañía no les favorecerá ¡Cuídense! Siempre es bueno estar pendiente de la bebida que se estén tomando, seas hombre o mujer. Igualmente, no es recomendable manejar después de haber ingerido algunas bebidas alcohólicas, por lo tanto, es aconsejable que pidas un taxi o un servicio confiable para transportarte de forma segura hasta tu destino.

Algunos hombres suelen comentar: *Me gustaría tener una mujer elegante, educada, simpática, que actúe y se vista como una princesa, y que tenga mucha afinidad con toda mi familia.* Esto suena muy bonito. Pero resulta que al visitar con frecuencia el bar de la esquina del lugar donde trabajan, terminan consiguiendo no a la mujer ejecutiva culta y profesionalmente exitosa, sino a una fémina ligera de comportamiento que usa un vestuario poco decoroso, su vocabulario se parece al de un vulgar camionero, mastica chicles con la boca abierta -al igual que otras comidas- y come con el brazo sobre la mesa, etc. Luego, les gustaría llevarla a cenar a la casa de su abuela, quien es una señora con excelentes modales y quien posee el comportamiento adecuado para cada ocasión. Sin embargo, el porcentaje de ser compatible no solamente con la abuela, también con la mamá, los hermanos y los demás familiares sería muy bajo ¿cierto? En consecuencia, todos terminarán rechazando a la mujer y él se dice así mismo, como en las películas de amor prohibido: "No nos van a separar". Se identifica con Richard Gere en la película "Pretty Woman", se imagina que su novia es Vivian Ward interpretada por Julia Roberts y simplemente -por llevar la contraria-, se casa.

Hay casos de relaciones de pareja que empiezan en un bar y terminan casados por más de 50 años. Pero la ley de probabilidades de que así sea no es muy prometedora y menos bajo estos parámetros. La realidad es que la convivencia mutua con esta diferencia de comportamiento social no sería muy placentera. Proyectando un futuro juntos, tendrán niños a quienes su mujer no sabrá educar y el resto de los parientes les excluirán de todo evento familiar. Posteriormente -en el momento del divorcio- los hijos terminarán en un verdadero infierno y este hombre, dentro de su impotencia, no sabrá cómo explicarles a sus vástagos que esta fue la madre que él eligió para ellos. En este caso es bueno recordar la frase de Confucio: "Cuando hay una buena educación, no hay diferencias de clase".

En consecuencia, si queremos una relación más duradera y profunda, tenemos que analizarla. Si eres de los que les gusta lo mejor, seguro que no frecuentas cualquier lugar. De tal modo que, si vas a escoger a un restaurante, por lo general investigarás si el que has escogido -para deleitar una buena bebida o un exquisito platillo- posee las condiciones adecuadas. Como, por ejemplo: si está limpio, si el personal es amable, si la comida tiene buena presentación y si tiene buenas referencias... ¡mejor todavía! No obstante, si por casualidad estás en medio del desierto y te encontraste con la situación de que este es el único lugar que conseguiste en el camino, la cosa cambia y tendrás que adaptarse a las circunstancias. Por ello, tu capacidad analítica debe estar presente en todos los aspectos de tu vida. Especialmente en lo referente al tema amoroso. Recordando también el dicho, "dime con quien andas y te diré quién eres". Esto se aplica a amistades y también a nuestra pareja.

Podemos notar que hay personas que han viajado por el mundo y no han logrado abrir su mente; y otras que no han salido de su lugar de origen y la mente la tienen abierta como un paracaídas. Cuando estés en busca de tu pareja, este punto -dependiendo de tu situación- también podría ser importante y más, si la persona que te interesa pertenece a otra cultura.

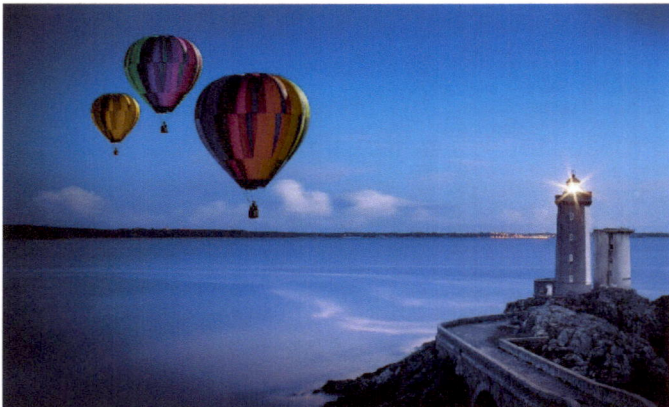

Ahora bien, en definitiva, la búsqueda del amor dependerá de los gustos y de las necesidades del momento de cada ser humano. Hoy por hoy, la tecnología podría desempeñar un papel importante para encontrar a esa persona especial. Sin embargo, la vida emocional poco tiene que ver con ese vehículo. Para las nuevas generaciones, por ejemplo, comúnmente conocidos como los *millennials,* la vida virtual parece jugar un rol muy importante. Este tipo de comunicación es aparentemente su prioridad y la búsqueda de esa persona singular podría estar pasando de moda para un alto porcentaje de esta generación. A través del comportamiento humano se ha determinado, que debido a la velocidad acelerada del hoy, algunos prefieren la libertad y el desorden del mundo virtual, en vez de asumir la responsabilidad de la integración al mundo real.

No obstante -el mundo virtual pesa en nuestra realidad- aún no hemos dejado de pertenecer al planeta Tierra, ni hemos dejado de ser seres humanos que sentimos, soñamos y nos ilusionamos ¿correcto?... de tal modo, que para encontrar nuestro camino hacia una relación de pareja exitosa debemos contemplar ciertas características, que nos conciernen a todos tarde o temprano. A fin de cuentas, el pertenecer a una determinada generación no nos absuelve de sentir, de querer amar y ser amados, y de querer obtenerlo con el mayor número de herramientas posibles. Ya que hay que considerar que dejarse llevar por el deseo y las meras ganas para solo comprobar nuestras capacidades sexuales, no determinará el resultado de una relación exitosa y duradera.

Hay una frase de la Biblia que dice: *No le des perlas a los cerdos*. En otras palabras, no le des a otra persona lo que no va a valorar: obsequios, tiempo, dedicación y menos tu cariño.

---

**Puntos importantes de la etiqueta que debes tomar en cuenta en la búsqueda del amor:**

1. *Siempre trata a los demás como te gustaría ser tratado.*
2. *No te presentes en una casa sin avisar.*
3. *Se puntual y saluda al entrar.*
4. *El teléfono celular no debe ser parte de los invitados y menos de una pareja.*
5. *Si no has invitado a una persona a ver televisión, apágala y disfruta de su compañía.*
6. *No abusar de la hospitalidad que te brinden, como, por ejemplo, abrir el refrigerador sin permiso.*
7. *Las gracias son muy importantes en las relaciones humanas. Da las gracias al recibir un obsequio, al recibir una atención, al despedirte del anfitrión de un evento, y también al día siguiente de una invitación. Recuerden que es de gente bien nacida, ser agradecida.*

---

♥ ♥ ♥ ♥ ♥ ♥ ♥

# Capítulo Dos

# Hay que saber lo que uno quiere

*"Llegamos al amor no por encontrar a una persona perfecta, sino por aprender a ver a una persona imperfecta, perfectamente".* Sam Keen.

E n el capítulo uno, ya les di ciertas ideas de cómo podemos encontrar a nuestra pareja ideal. Es posible que ya hayas leído *"Los 5 Lenguajes del Amor"* de Gary Chapman (2013). Si no lo has hecho, te lo recomiendo si lo que esperas de tu relación es que sea algo permanente y no un simple coqueteo de vacaciones. Chapman, nos comenta que ordenados alfabéticamente existen cinco lenguajes amorosos:

1. Actos de servicio
2. Contacto físico
3. Palabras de afirmación
4. Recibir regalos
5. Tiempo de calidad

Chapman 2013, plantea que cada persona tiene una forma especial de recibir o apreciar el amor. Conocer esto, les ayudará a ser más asertivos para amar a su pareja.

Si deseas conseguir un príncipe debes comenzar por ser una princesa -y viceversa- si él desea conseguir una princesa, debe comenzar por ser un príncipe. Me refiero a lo siguiente: con frecuencia comentamos que nuestra pareja sea educada, que tenga modales, y que sepa comportarse según cada circunstancia que se vaya presentando en nuestra vida. Sin embargo, ¿cómo podrías pedir esto si no lo posees tú primero? En cambio, si nosotros sí apreciamos los buenos modales y los practicamos, podemos esperar lo mismo de nuestro acompañante. No te conformes con una persona que tiene un comportamiento inapropiado. Que nos equivoquemos... es normal. Incluso, hasta podemos hacer una lista de todas nuestras equivocaciones cuando comenzamos a salir con nuestra pareja. Sin embargo, aunque algunos de esos desaciertos pueden ser hasta graciosos, otros pueden no serlo tanto -y sin querer- podrías lograr que tu galán o damisela salgan huyendo de tu lado. Inclusive podrían cambiar su dirección y su número telefónico para sencillamente evitarte y desaparecer.

Por ejemplo, cuando -en las novelas- el hombre rico se casa con la chica pobre analfabeta vendedora ambulante de flores y se la lleva a vivir a su palacete, no nos cuentan que pasó después de la luna de miel o si llegaron a cumplir por lo menos sus bodas de papel -es decir, su primer año de casados. También podemos analizar que, según la historia de la Cenicienta, el príncipe quedó impresionado por su belleza y se enamoró a la primera vista. No obstante, no mencionan que en la verdadera historia Cenicienta provenía de una familia adinerada y que era la hija de personas altamente educadas. No es hasta el fallecimiento de su padre, cuando la madrastra la trató como una empleada doméstica o como a una esclava.

Cenicienta, a pesar de haber realizado los oficios de la casa o sufrido las humillaciones que le hicieron pasar su madrastra y hermanastras, jamás fue descrita como una persona sin modales. Por el contrario, era una jovencita muy amable, educada y servicial con todos aquellos que le conocían, incluyendo a todos los animalitos que le acompañaban. Probablemente se debía a los principios familiares que ella recibió desde que nació. Vale la pena mencionar que, aunque todo esto es una fantasía llevada al cine por Walt Disney, en la vida real, lo más importante es que mientras más parecidos sean nuestros principios, valores, la educación y nuestro enfoque de ver la vida, más fácil será nuestro trato con las personas que elijamos de amigos y especialmente con aquel ser que escojamos para compartir nuestra vida.

Cuando les hablo de la importancia de la educación no me refiero únicamente a la instrucción académica, me estoy refiriendo a los modales, las buenas costumbres y al saber estar. Hay un dicho muy conocido que dice: *el hombre es como el oso, mientras más feo es más hermoso.* Un alto porcentaje de las mujeres no se sienten atraídas por osos ni a vivir en cuevas con hombres cuya forma de actuar y su mentalidad refleje un comportamiento de la época de las cavernas. Existen mujeres a quienes les llama la atención observar hombres sin camisa casi desnudos -o con el traje de Adán-, que les bailen sudorosos frente a ellas o quizá les guste ver el último calendario de bomberos australianos con hombres con escasa ropa sumamente atractivos. En cambio, otras -aunque les agrada ver los cuerpos musculosos de algunos hombres- los prefieren trajeados elegantemente o vestidos adecuadamente conforme a cada ocasión. Y aunque el clima sea veraniego y posean un buen cuerpo les gusta verlos bien vestidos cuando se sientan almorzar, sea en una mesa formal o informal, ya que esto se considera una muestra de respeto a todos los comensales. Definitivamente, hay que reconocer *que entre gustos y colores no han escrito los autores*. Sin embargo, saber lo que te gusta y lo que quieres solo te corresponde a ti. Recordemos que de acuerdo con nuestro comportamiento será el resultado que obtendremos. Además, cabe mencionar que lo que funciona para algunos, no necesariamente funcionará para todos.

Quisiera compartir con ustedes un caso de la vida real en relación con aquellos hombres escasos de modales. Una mujer comenzó a salir con un hombre que si calificáramos su atractivo físico del uno al diez obtendría una calificación de diez. Ella se sentía muy entusiasmada hasta el día que le invitó a la playa. La comida que llevaron para el picnic incluía unos pollos fritos de una cadena de comida rápida. En el momento de comer este hombre se comportó como una persona sin modales. Devoró los trozos de pollo de una forma agresivamente cavernícola. Además, conversaba con la boca abierta mientras masticaba cada bocado y no usó la servilleta para asear sus manos embarradas de grasa con residuos de comida. Este personaje literalmente se chupó los dedos uno a uno. En aquel momento, la mujer sufrió una fuerte decepción debido al comportamiento de este individuo porque caballero no se le puede llamar. Después de esta experiencia tan devastadora, ella sabía que este acompañante no iba a ser jamás un buen compañero en una cena formal a las que ella -por su nivel ejecutivo, social y familiar- le tocaba frecuentar. Al despedirse, canceló con esta persona una cita que, ya tenía programada más adelante en su agenda.

Desafortunadamente nuestro comportamiento y modales influyen en nuestras decisiones, y cuando nos comportamos de forma inadecuada la impresión reflejada es muy desfavorable. En este caso el "galán" sorprendido, no entendió por qué aquella mujer no deseaba volver a salir con él. Jocosamente se podría aplicar el dicho español que versa *no te vistas que no vas para el baile.* En otras palabras, el rechazo en este caso no tuvo nada que ver con la posición económica, ni por su aspecto físico, ha sido debido a su mala educación y definitivamente la carencia de sus buenos modales. Días después ella comenzó a salir con un compañero de la universidad, no tan guapo, pero con un excelente comportamiento y maravillosos modales. Posteriormente, se enamoraron y conformaron una familia feliz. Me gustaría hacer notar, que el pollo en la mesa se come con cubiertos. Si les tocara comer el pollo con las manos en un ambiente informal, háganlo lo menos bárbaro que puedan.

Según Manuel Antonio Carreño célebre escritor conocido por su *"Manual de Urbanidad y Buenas Maneras para jóvenes de ambos sexos"*, se recomienda que en una comida formal o donde nos inviten, los anfitriones son los indicados para establecer las pautas de comportamiento en la mesa. Es decir que, si estos comen con palillos orientales, con cubiertos, o con las manos, se sugiere que así deben hacerlo ustedes. Sin embargo, vale la pena destacar que, si los anfitriones realizan algún comportamiento fuera de lugar como, por ejemplo: colocar el codo sobre la mesa, chuparse los dedos o limpiarse las manos con el mantel, ustedes no están obligados a hacerlo, porque esto es incorrecto.

En el caso de que un caballero invite a salir a una bella dama vestida con ropa de moda perfumada con una exquisita fragancia, pero su comportamiento al sentarse a la mesa y cuando lo acompaña a eventos sociales no se encuentra a la altura de los modales del caballero, hasta ese día llegará el encanto. Un caballero profesional y educado no la volverá a invitar a salir, aunque químicamente se sienta atraído por ella.

Por ejemplo, como cuando nos **van** a contratar en un trabajo y nos invitan a comer para evaluar como lo hacemos. Cuando comenzamos a salir con alguien también estaremos siendo evaluados. Cuida los pequeños detalles como asir la copa por el tallo, de esta forma su contenido no se calentará. A menos que sea brandy o coñac cuya bebida se disfruta mejor si "abrazamos" la copa. La servilleta por lo general la verán puesta en el lado izquierdo del plato principal, sobre el plato, o también -en algunas ocasiones- estará colocada su lado derecho.

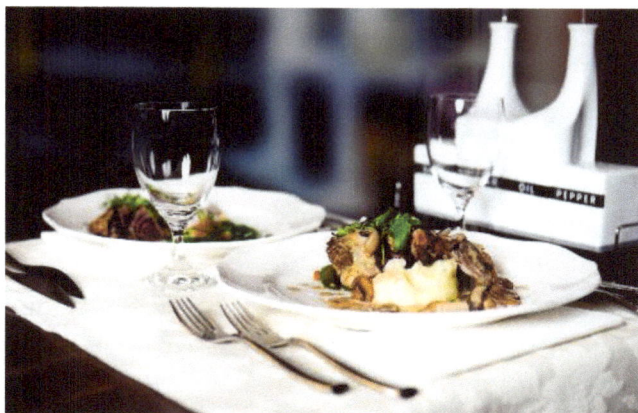

Las mujeres tenemos actualmente la ventaja de que la sociedad no es tan estricta como en épocas pasadas. Hace varias décadas atrás hasta cuando te invitaban a cenar o a un cine necesitabas una chaperona. Hoy por hoy es normalmente aceptado que la mujer salga sola con un caballero. No te precipites. Recuerda que la libertad no significa libertinaje. La libertad conlleva respeto y responsabilidad de nuestros actos. En cambio, el libertinaje denota irrespeto a las normas y valores de la sociedad. Hay que saber hacer uso de la libertad.

No te muestres desesperado(a) por conseguir a tu pareja. Ya sea que conociste a alguien en tu propia casa porque es amigo(a) de la familia, estudiando en el colegio o en la universidad, en el trabajo, o en cualquier otra circunstancia. Tómate tu tiempo. Como les comenté en el capítulo uno, es recomendable que veamos la relación que estamos comenzando como si estuviéramos leyendo un libro y con el mejor uso de nuestra capacidad de análisis en relación aquello que es mejor para nosotros.

También vale la pena mencionar que hay varios refranes/dichos sobre el interés ficticio que algunos hombres y mujeres pueden demostrar con la única finalidad de tener relaciones sexuales y nada más. En una ocasión un ginecólogo reconocido muy simpático y dicharachero comentaba lo siguiente en relación con el pensar de algunos hombres: *prometido, prometido hasta metido, después de metido, olvidado lo prometido.* Les sonó fuerte ¿verdad? Pero esta es la mentalidad de algunos hombres cuyo objetivo es simplemente saciar sus instintos sexuales. A ti como mujer inteligente te corresponderá evaluar que deseas, y que quieres obtener de una relación. Nadie más lo hará por ti. Estas situaciones suelen ocurrir para ambos sexos.

Hoy hay mujeres que se insinúan y se trazan un estratégico plan de conquista. Con el único propósito de hacerle creer al hombre con el que están saliendo, que lo que están sintiendo es amor verdadero, cuando realmente lo único que desean es pasar una buena noche, realizar viajes cortos de forma gratuita y después *si te veo no me acuerdo.*

Puedes leer varios libros como este donde se menciona: *no soy la clase de chica que puedes llamar cuando te sientes solo*. Así como al salir con varios chicos(as) aprenderás un poco de cada uno(a). Sin embargo, lo más importante que me gustaría señalar es que, para tener una relación placentera y seria, ambas partes deben estar en la misma sintonía. Puede ser que, el encanto que proviene del comportamiento pueda entusiasmar a la pareja a querer seguir compartiendo su tiempo con la dama o caballero, pero ambos deben estar listos para la relación. Porque, por ejemplo, si ese caballero tiene veinticinco años en ese momento y le faltan diez años más para terminar varias especialidades de medicina que quiere estudiar antes de casarse, y la chica es de las que desea ser madre antes de sus treinta años -teniendo la misma edad- les tocará tomar una decisión al respecto. Dicha decisión de la chica estaría enfocada hacia el deseo de continuar en el mismo barco del futuro médico con varias especializaciones, o se baja a tiempo de esta embarcación. Otro ejemplo sería el caso de aquel enamorado que desea ya formalizar la relación, y tener el hogar ideal con hijos y hasta un perro como mascota con una chica que desea darse más tiempo antes de formalizar la relación. En este caso no estarían en la misma sintonía, y esta relación eventualmente se terminaría.

Es necesario comprender por qué debemos comportarnos siempre con buenos modales. Es recomendable que desde el principio exista un buen trato usando aquellas palabras mágicas que todos conocemos, tales como: **buenos días, buenas tardes, buenas noches, hasta luego, gracias, de nada, por favor, buen apetito, discúlpame y perdóname** – entre otros.

Y si cometiste algún error grave apréndete la canción de *Perdón* compuesta por Pedro Flores, la cual ha sido interpretada por cantantes famosos como Alejandro Fernández y a lo mejor la puedes cantar

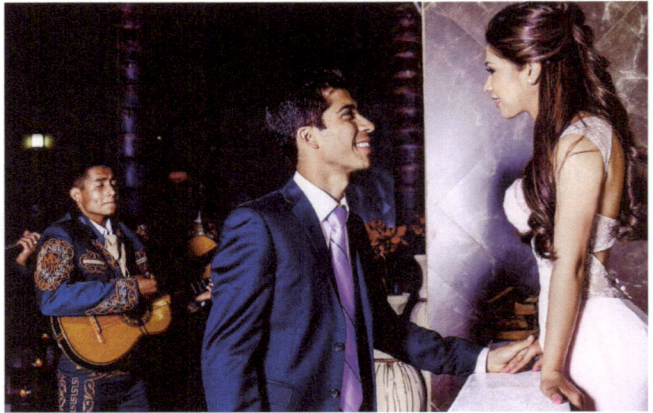

acompañado de unos mariachis. Podrás demostrar tus dotes de cantante. Si es la dama quien comete el desatino de llevarle una serenata a un caballero, esto no estaría bien visto dependiendo del país donde se resida. Ya que hasta podría ser tildada de urgida y de baja autoestima. Y aunque ella sabe que cometió un grave error, lo recomendable sería pedir disculpas en el momento y si no le reconocen sus palabras sinceras -como todavía están en la etapa de conocerse- no puede hacer nada más que darle tiempo al tiempo.

Porque nos guste o no, a un hombre que insiste lo llaman enamorado y la gente a su alrededor que escuche su serenata se pondrán de su lado, y hasta le aconsejarán a la chica que le dé una segunda oportunidad, si lo que hizo no fue muy relevante.

En cambio, si la mujer es la que insiste, socialmente no estará bien visto y al chico le recomendarán que mejor finalice su relación. Ya que podrían etiquetar a la mujer como complicada y hasta calificativos peores, aunque sea una buena chica que en un mal momento cometió un error.

---

**Anécdota**

*Conozco el caso de una joven sueca con muchos atributos. Era una excelente persona con una gran calidad humana quien un día -por error- le respondió a su novio marroquí con unas palabras fuera de lugar. Lamentablemente, después de una hermosa relación y del amor sincero que ambos se habían demostrado durante algún tiempo, la relación se acabó. Luego que la joven pronunció las palabras altisonantes, el chico sintió que su corazón se le rompió en pedazos en ese instante, pensando que jamás alguna mujer lo pudiese tratar de una forma tan grosera, y menos siendo su prometida en víspera de su matrimonio. La boda se canceló a pesar de que la chica intentó pedir disculpas de mil formas, pero injustamente no fueron escuchadas. Vale la pena mencionar que en países donde la sumisión y el respeto hacia el hombre es notaria, este tipo de situaciones se ven con más gravedad que en países occidentales.*

*Recuerden: Sean del país que sean, en todas las relaciones debe existir el respeto y más aún en la relación de pareja. Es recomendable que antes de hablar, piensen, usen las palabras adecuadas y más aún cuando estén alterados.*

---

Aunque la caballerosidad nunca debe pasar de moda, recuerdo que en una época se puso de novedad entre las mujeres jóvenes y algunas no tan jóvenes, el que no les gustaba que los chicos fueran caballerosos con ellas. No veían con buenos ojos la cortesía de un caballero que le abriera la puerta del automóvil. El argumento era:

"no soy inválida y puedo abrir la puerta y cargar mis paquetes". Alrededor de 1973, hace casi medio siglo, apareció un libro escrito por una señora argentina de origen alemán, *Esther Vilar,* titulado: "El Varón Domado", donde se daba a entender que el hombre era manipulado por las mujeres. En lo particular, me gusta la postura de la autora sobre la igualdad intelectual entre el hombre y la mujer. Y aún más en mis circunstancias, cuando elegí -en esa misma década- una carrera considerada para hombres, como lo era la ingeniería. En mi caso estudié ingeniería civil por sugerencia de mi padre arquitecto. Ya que mi papá notaba que desde niña era amante de los números, me gustaba armar y desarmar aparatos eléctricos y a los 12 años podía instalar una lámpara en el techo por mí misma.

Me encantaba asignaturas como las matemáticas, la física y la química -lo cual no era muy común entre las chicas. Puedo mencionar que también jugaba con mis adoradas muñecas. Comento esto porque tendemos a creer que si un niño juega a muñecas con las niñas va a ser homosexual, y que si las niñas juegan a armar carritos eléctricos o estudian carreras donde predominan los hombres, podrían ser lesbianas. Y esto no es cierto. Cuando comencé mi carrera de ingeniería civil el porcentaje era que, de 100 personas inscritas en la carrera, solo diez eran mujeres. Al final fui la única en la promoción de ingeniería civil en la universidad donde me gradué en los Estados Unidos. Lo más interesante de esta época de mi vida con respeto a las relaciones hombre y mujer, fue conocer la forma como se comportan los hombres cuando están solos. Fue una gran escuela para mí el saber lo que de verdad pensaban mis compañeros acerca de nosotras, las féminas.

Actualmente la mujer sigue estando infrarrepresentada en este campo a nivel mundial, y esto no tiene nada que ver, con que a las mujeres ingeniero les guste ser tratadas como damas por sus colegas o por su esposo. Jamás me sentí un hombre a pesar de que en mis clases en la universidad o en alguna obra de construcción, muchas veces fui la única mujer presente. Por el contrario, me siento muy feliz siendo femenina. Me encanta cuando un caballero -que ¡Gracias a Dios! existen muchos todavía- me abre la puerta y más si llevo las manos llenas de cosas. Es agradable cuando estamos en un avión tratando de subir nuestro equipaje de mano al compartimiento superior viajando solas, y sorpresivamente aparece un caballero que amablemente nos ayuda a colocar ese maletín en el lugar adecuado. Uno da las gracias y respira con un sentimiento de alegría, comprobando que quedan todavía muchos hombres educados y amables en el mundo.

Por otro lado, ¿qué mujer no se siente halagada cuando la tratan y la hacen sentir como a una reina? o cuando escuchamos un bello piropo de un caballero. Dependiendo de quién, tal vez nos disgusta, pero si nuestro enamorado nos halaga con palabras bonitas en un momento adecuado podemos recordar al autor Gary Chapman con la importancia que causan las palabras en nosotros. Considero que en general a la mujer le gusta ser atendida, y que esto nada tiene que ver con el machismo que alardea una supremacía del hombre sobre la mujer. Creo en la igualdad intelectual, por eso no puedo estar de acuerdo con el machismo, pero ¡Si! con la caballerosidad. Son temas distintos. Además, tampoco apruebo comentarios desatinados como: "Todas las mujeres son iguales"; "todas las mujeres son malas"; "todos los hombre son iguales"; o "todas los hombres son malos". Les comento que en mi recorrido por la vida he conocido gente buena y mala de ambos sexos. E irónicamente he conocido gemelos hombres y/o mujeres que, a pesar de ser físicamente iguales, interiormente son ampliamente distintos.

Cuando uno se acostumbra al buen trato de su pareja desde el comienzo, en el momento que se pase a otra etapa -se casen o queden *embarazados*- la mujer necesitará más cuidados y si su pareja ya estaba acostumbrada a prodigárselos, va a ser mejor para ambos hacerlo correctamente siempre. Es como si cenaran diariamente en la mesa de su casa como un caballero y una dama respetando las reglas de la buena educación. Y supongamos que un día los invitan a una cena formal, percibirán qué hay varios cuchillos a su lado derecho y varios tenedores a su lado izquierdo del plato. En consecuencia, sabrán como usarlos correctamente -de afuera hacia dentro- no se sentirán como los actores de un teatro y lo harán de manera muy natural.

Se sentarán erguidos en la mesa, colocando la servilleta en su regazo, llevando el tenedor a su boca y no bajando la cabeza al plato. No colocaremos el brazo izquierdo sobre la mesa. Además, sabrán que su platito de pan es el que encuentra a su lado izquierdo y no tomarán el pan del plato de su lado derecho -que le corresponde al otro comensal. Si desde el comienzo reina un buen trato con respeto, se marcará la pauta correcta de la relación. No podemos permitir ser maltratados ni ser tratados como si fuéramos objetos. Por muy buenas que sean las personas, si se acostumbran a un tipo de relación irrespetuosa será complicado y difícil, querer una mejor interacción con el transcurrir del tiempo.

Por lo tanto, si desde que empezamos a salir, nuestra pareja es amable y nos abre la puerta de un automóvil; y nos atiende, en el momento en que la relación avance y quizás hasta se comprometan, lleguen al matrimonio, se casen y queden embarazadas, les será más familiar que se les atienda respetuosamente. Sin embargo, si la mujer se siente demasiado independiente y no le gusta que la ayuden ¿Qué pasará cuando necesite que su pareja le cuide cuando este enferma o está esperando un bebé? No va a pretender que su compañero aprenda en ese momento, que deberá abrirle la puerta del automóvil, que debe cuidarle porque ella ya no puede con el peso de las cosas que carga; y que además, debe cuidar al nuevo miembro de la familia, debido a que estos cuidados serán necesarios. Con esto no me refiero a que la mujer deberá tomar la actitud de inválida y ser exagerada en sus requerimientos. Por ello, es recomendable hacerlo adecuadamente desde que comienzan a salir con su pareja. Como con el ejemplo de sentarse a cenar correctamente en la mesa no debe practicarse solo en ocasiones especiales, sino siempre. Porque en el fondo de la situación, *los pequeños detalles, hacen las grandes diferencias*. Este dicho, lo podemos aplicar a todo lo que hagamos en nuestras vidas. Al dar una tarjeta dando las gracias según la ocasión, cuando envolvemos un regalo adecuadamente, al servir bonito una bebida o un plato de comida, al llevarle unas bellas flores a una damisela y en muchos otros pequeños gestos. Aquí podemos relacionar la generosidad en una pareja con el lenguaje de regalos que menciona el autor Gary Chapman en su obra literaria.

## Puntos importantes de la etiqueta para una buena convivencia cuando buscamos lo que queremos:

1. *Buen provecho significa que expulses bien los gases ¿Te gusta esa expresión? Suena mejor: "Disfruta la comida" o **"Buen apetito"**.*
2. *Si estamos comiendo -los codos ni tampoco el antebrazo se deben colocar sobre la mesa-.*
3. *Los cubiertos se usan de afuera hacia adentro. Los cuchillos y la cuchara de sopa van a tu lado derecho y los tenedores a tu lado izquierdo.*
4. *Los cubiertos no se colocan como remos a los lados del plato ni tampoco se usan para apuntar a algo o a alguien.*
5. *Chuparse los dedos no está bien visto y menos en la mesa.*
6. *No se alimentan a las mascotas mientras comes con otras personas, aunque sea con la familia.*
7. *Los temas en la comida y en la sobremesa, deben ser agradables. Eviten los no adecuados, como: dinero, procedimientos médicos o problemas de ninguna índole. El tema sexo, religión o política es ideal para otro momento. Los dos a solas y así ambos podrán conocer sus puntos de vista sobre esas materias. Cuida el tono de voz y que la forma de reírte no sea vulgar o exagerada.*

♥ ♥ ♥ ♥ ♥ ♥ ♥

# Capítulo tres

# El comienzo de una relación

*"La prueba del amor está en las obras. Donde el amor existe se obran grandes cosas y cuando se deja de obrar deja de existir".* San Gregorio Magno.

Existen animales monógamos como los periquitos, los pingüinos, los caballitos de mar, las famosas tórtolas y los cisnes; quienes eligen a su pareja para toda la vida. En el caso de nosotros los seres humanos, a veces no somos tan fieles como estas especies de animales. Sin embargo, poseemos la enorme ventaja de que podemos ser más analíticos.

Algunas personas comienzan por anotar en un papel los puntos más relevantes que les gustaría que sus parejas tuviesen. También escriben los planes de vida importantes que tienen. De esta forma, definen sus prioridades con claridad antes de entrar en una relación de pareja. Si la religión es un factor primordial en tu existencia es recomendable que tu pareja practique la misma doctrina o al menos, no sea intransigente con las creencias que tú profesas. Quizás al continuar la relación, uno de los dos, podría asimilar la Fe del otro, aunque esto no suele ocurrir con frecuencia. Nadie te lo puede garantizar. Por eso se recomienda lo que dice aquel refrán popular que versa, *cada oveja con su pareja*.

Como me encanta el número siete (7), enumeraré los siguientes posibles puntos importantes que podrías considerar al comienzo de tu relación de pareja. Tal vez tú tendrás tus preferidos o esenciales que no estén en esta lista. Es solo para ayudarte con algunos ejemplos:

1. **Que sea un caballero o una dama** -que sea educado(a), tenga clase y sea culto.
2. Que tenga valores, principios y calidad humana.
3. Que sea una **persona soltera** que ame y respete el verdadero significado de la familia.
4. Que siempre cumpla con su palabra.
5. Que sea respetuoso(a) y honrado(a).
6. Que tenga un futuro prometedor porque siempre está actualizándose personal, académica y profesionalmente.
7. Que **desde el principio te de tu lugar.** Al comienzo será el de amigo(a), luego el de novio(a) y si la relación es la adecuada, te dará el puesto de esposo(a).

También podemos hacer la lista de siete (7) características que nos desagradan totalmente de una persona, por ejemplo, como:

1. Que sea mentiroso(a).
2. Que sea agresivo(a).
3. Que sea celoso(a) y/o controlador(a).
4. Que pretenda que el mundo gire alrededor de él o ella.
5. Que sufra de misoginia (odio hacia la mujer) o misandria (odio hacia el hombre).
6. Que sea un mujeriego o una coqueta con todos los hombres.
7. Que coma en exceso, que fume o que ingiera bebidas alcohólicas sin control.

Con el trato se irán dando cuenta de:
- Sus gustos.
- Sus ideales.
- Sus hobbies.
- Si tiene complejos.
- Sus comidas favoritas.
- La música de su agrado.
- Sus programas preferidos.
- Cuál es su nivel de afinidad.
- Como tiene enfocada su vida.
- Temas predilectos de conversación.
- Si es una persona trabajadora o floja.
- Si sufre de alguna enfermedad o alergias.
- Si proyecta sus desaciertos en los demás.
- Si la persona es despilfarradora o ahorrativa.
- Si cuida sus modales al sentarse, pararse y hasta al dar la mano.

- Si no repara los artículos dañados y prefiere comprarlos nuevos.
- Si deja la luz, los aparatos eléctricos, el agua corriendo cuando no la está usando.
- Si le da mucha importancia a lo físico más que a lo espiritual, al punto que nota hasta si tienes una arruguita o cana.
- Los planes de vida que tienen en común (no me refiero a decir que se quieren casar, porque para las primeras citas sería precipitado).
- Si sabe la importancia sobre el tema del reciclaje para el futuro de la humanidad. Por lo tanto, separa la basura en el lugar adecuado.

En fin, con esto no te estoy sugiriendo que saques tu lista el primer día y se la leas completa a tu acompañante. Al principio de una relación de este tipo, el tema de la lista es como un juego y tú no enseñas tu jugada al comienzo de la partida. Te tomas tu tiempo y de acuerdo con la situación -si se trata de un juego de barajas- seleccionarás muy bien la carta que vas a utilizar en cada momento del juego. Siempre que exista el halo de misterio, habrá un interés para ir descubriéndose mutuamente. Por ello, no es recomendable darte en cuerpo y alma en la primera cita que tienes con un posible enamorado. Notando que cualidades o defectos no afectarían tu relación de pareja. También es bueno recordar el dicho: *Hombre casado ni frito ni asado,* el cual también se le puede aplicar a la mujer. Por lo tanto, el primer punto importante que debemos tomar en cuenta, como lo mencionamos anteriormente, es que nuestro(a) posible enamorado(a) esté libre de compromisos.

En la mayoría de los casos se espera que el hombre sea mayor que la mujer. Sin embargo, algunos estudios como el de Andrew Francis y Hugo Mialon, indican que mientras la diferencia de edad entre el hombre y la mujer es menor, también es menor el índice de divorcios. Así mismo, por la experiencia que la vida me ha dado, les puedo comentar que la diferencia de edad entre un hombre y una mujer podría ser de siete (7) años o menos. Ya sea el hombre mayor o la mujer tomando en cuenta que ambos comiencen la relación después de su mayoría de edad. Ya que con esta diferencia todavía se comparten elementos generacionales tales como: la música, la forma de bailar, la moda y hasta los problemas existenciales de cada década. La diferencia de edad que tengan como pareja va a ser la misma al pasar el tiempo. Lo comento porque, aunque suena lógico, hay personas que después de varios años juntos, es cuando se percatan de esa realidad porque aparecen las canas, arrugas, achaques y otros indicios, que nos recuerdan que la juventud va quedando atrás. Sobre todo, cuando la desigualdad es muy notoria.

Ocurre también que cuando la diferencia de edad es muy evidente, aparecen otras situaciones un poco más complicadas, como los temas que les interesan y hasta la incapacidad física para manejar ciertas situaciones. Como, por ejemplo, si yo tengo 50 años y mi pareja tiene veinticinco años es muy probable que, el subirme en las montañas rusas de algún parque de diversiones, no sea de mi interés y hasta me cause problemas corporales. Aunque para mi joven compañero(a) esta actividad sea el mayor disfrute de su vida. Además, existen comportamientos que son muy comunes para su generación y que en épocas anteriores no eran tan notorios. Por ejemplo, podemos observar que hay algunos jóvenes que exigen mucha libertad, respeto a su manera de actuar, a su espacio y a su privacidad. Lo desbalanceado de este asunto, es que no aplican el mismo concepto de respeto hacia sus adultos no contemporáneos. Citaré algunos ejemplos a continuación.

Llegan a los lugares irrespetando el espacio de los demás:

- Con sus teléfonos celulares. Los cuales enchufan en cualquier lado sin pedir permiso. Los usan todo el tiempo, sin importarles si están en una mesa cenando con su familia o en medio de una reunión.
- Las chicas colocan sus carteras (bolsos) -sobre la mesa de comer- cargadas de los microbios que han ido recogiendo por los lugares donde previamente las han colocado, como los baños.
- Dejan desorden cuando visitan a sus padres. Pero sus padres no pueden dejar ni un lápiz fuera de lugar en sus casas.
- No hacen su cama a diario como deberían.
- Entran a un lugar sin saludar.
- Utilizan colonias o fragancias tan fuertes que -sin darse cuenta- empalagan el ambiente.
- No les dan importancia a los buenos modales, y hasta se sientan en una mesa sin camisa, con lentes oscuros y/o con una boina o cachucha.
- No cuidan su ortografía. Terminan escribiendo con *horrores ortográficos*, todo en minúscula o en mayúscula sin respetar nombre propios ni palabras que comienzan con la letra capital. Y para complementar, abusan de las palabras altisonantes en sus escritos. Al recibir un texto con esas características, es difícil descifrar su contenido.

Creen que todo lo saben y si le hacen un comentario al respecto, se sienten ofendidos. Si eres un adulto que no le da mayor importancia a este tipo de detalles, la brecha generacional no te afectará.

Me gustaría mencionar que ¡Gracias a Dios! No todos los jóvenes son así, también existen muchos encantadores, educados, respetuosos y con excelente comportamiento, dignos de admirar.

Hay otro punto que aceptamos con más tolerancia cuando tenemos menos edad, es como lo sería lidiar con el volumen demasiado elevado de una discoteca, un antro o una fiesta. Sin embargo, si ambos son

This Photo by Unknown Author is licensed under CC

contemporáneos disfrutarán juntos estas circunstancias. Tampoco es agradable acompañar a la salida del trabajo a su joven pareja a una reunión social, si estás vestido(a) como un(a) ejecutivo(a) y el resto de los invitados están vestidos con pantalones de mezclilla y camisetas informales. Además, mientras la conversación gira sobre estudios universitarios, tú tendrás en mente la presentación que debes preparar para exponer en tu próximo viaje a Europa. De tal manera que podrías sentirte como una *cucaracha en baile de gallinas.* Si además tu chica te apoda *Papi* y físicamente lo pareces; y un chico mexicano escuchó toda su vida a su padre llamar a su madre, *Vieja* (aunque era más joven que su padre) y este chico decide llamar a su acompañante -mayor que él- con el mismo apodo; ese tipo de parejas no serán muy comprendidas y en pocos casos estarán rumbo hacia un futuro feliz.

Cuando alcanzamos la madurez y hemos *quemado* ya varias etapas de nuestra vida por muy fiesteros que seamos, no tenemos la vitalidad ni el tiempo -debido a nuestras responsabilidades- de salir constantemente a divertirnos como los veinteañeros o incluso los que no han alcanzado aún los cuarenta años.

Por lo tanto, nuestros gustos son más tranquilos. En vez de una multitud, preferimos pocas y selectas personas. Nos apetecerá pasar una tarde con nuestra pareja en un parque tocando guitarra. Podríamos ver un amanecer o un anochecer, pasar una noche jugando cartas, ir al teatro, a un piano bar, a disfrutar cantando en un lugar con karaoke, o simplemente abrazarnos con nuestra pareja viendo alguna serie de televisión en casa.

Si nos decidimos a formar una familia y tener hijos -hasta para educarlos- también va a ser complicado si la diferencia de edad es notoria. Porque cada uno verá el asunto según la época que le tocó vivir. Por ejemplo, a nosotros los que tenemos varias décadas de existencia, de niños nos entretenían con libros, juguetes, juegos de mesa, con libros de colores y jugando al aire libre. Pero desafortunadamente en las generaciones más recientes, ven normal entretener por horas a sus hijos con aparatos electrónicos, lo cual es preocupante. Lo ideal de esa edad es que exploren el mundo a su alrededor y aprendan a socializar adecuadamente.

Cuando tenemos más de medio siglo de vida o más, vale la pena destacar, que es diferente disfrutar por ratos a los nietos, que comenzar a lidiar con hijos propios. Nuestra energía no es la misma. Hay chicas

que les encantan los cuarentones o a veces llamados *viejos verdes* porque suelen tener más estabilidad económica y las tratan con caballerosidad -detalle que algunos jóvenes actuales no tienen con las mujeres-. Hay casos donde las jovencitas ven en estos enamorados la figura paterna que no tuvieron en casa, debido al divorcio de sus padres o porque han sido criadas por madres solteras. En países de primer mundo hay mujeres muy jóvenes provenientes de naciones menos afortunadas económicamente, que se casan con ancianos esperando que al morir las dejen con una buena pensión económica. También sabemos que hay excepciones, que existen hombres con medio siglo de vida que se llevan excelente con su pareja de veinte años y ambos disfrutan su amor plenamente.

Si ya tus familiares y amigos te han presentado a los candidatos que ellos amablemente habían seleccionado para presentarte porque sabían que eran personas que cumplían con las siete (7) cualidades esenciales de tu lista y, aun así, ninguno te hizo el *clic* adecuado. Entonces voy a sugerirte varias alternativas donde podrías conocer a tu posible pareja:

- Gimnasio.
- Escuela de idiomas.
- Practicar un deporte.
- Pasear con tu mascota.
- En una academia de baile.
- El lugar donde practiques tu religión.
- Asociaciones de la actividad que te guste.
- Tomar un curso sobre un tema de tu interés.
- Un club social donde a veces hay un grupo de solteros.
- En un crucero, existe la posibilidad de conocer gente nueva.
- Puedes tomar un viaje organizado con una agencia de turismo o por ti.

- Si te gusta la gastronomía, hay lugares donde dan clases de comida gourmet.
- Hay personas solteras que les gusta ir al supermercado en los horarios después de las horas de oficina y en los fines de semana, para conocer prospectos de pareja.
- Una empresa que se dedique a buscarle pareja a los solteros muy ocupados que no tienen tiempo para los puntos antes mencionados.

Navegando en Internet podemos conseguir otras ideas y a lo mejor tú tienes otros sitios que puedes agregar a esta lista. Si eres nuevo/a en una ciudad, averigua si existe Internations en esa localidad. Y si puedes registrarte, podrás conocer gente que al igual que tú, son expatriados, **https://www.internations.org/**.

---

### Etiqueta en las redes sociales:

- *La primera regla de la buena educación se aplica también a la etiqueta de las redes sociales. No les haga a otros, lo que no te gusta que te hagan a ti.*
- *Escribir todo en mayúsculas se considera como un grito.*

---

- *No debes usar las redes sociales para hacerle daño a otras personas ni para difundir información falsa.*
- *No des información personal de nadie.*
- *Responde los mensajes que recibas por medio de las redes sociales.*
- *No debes usar la red para cometer felonías.*
- *Usa solo los programas que estés autorizado a usar.*
- *Recuerda que lo que subas a las redes sociales puede beneficiar a los usuarios.*
- *Piénsalo antes de enviar la información si existe la posibilidad de perjudicar a la comunidad.*
- *Usa el lenguaje correctamente cuando hablas y cuando escribes.*
- *Evita las palabras cortadas, mal escritas y las soeces.*
- *No le des "me gusta" a tus propios mensajes. Deja que sean otros los que opinen sobre tu foto o mensaje. En las opiniones que te hagan tus amigos o seguidores, si puedes responder a sus preguntas o hacer algún comentario.*
- *No abuses de los hashtags.*
- *No ventiles problemas personales en tu perfil de Facebook, Instagram o cualquier otra red social.*
- *Respeta el ancho de la banda de otras personas.*
- *Evita los chistes de mal gusto que, además de consumir espacio, no benefician a nadie.*
- *No abuses del poder o de las ventajas que puedas tener.*
- *Debes demostrar siempre tus buenos modales en los foros, en los chats, en Twitter, Instagram, Facebook, WhatsApp y en los comentarios que dejes en cualquier lugar de estos u otros sitios de Internet.*

A continuación, varias sugerencias para que puedas disfrutar con un nuevo amigo(a):

- Ir al cine.
- Ir al teatro.
- Ir al zoológico.
- Visitar un museo.
- Jugar juegos de mesa.
- Un picnic en el parque.
- Jugar bowling o boliche.
- Asistir a una reunión con amigos.
- Planear una caminata por la ciudad.
- Ir al mercado de alimentos naturales el sábado.
- Practicar o ir a ver un partido del deporte que les guste.
- Si profesan la misma religión podrían ir juntos a la iglesia, al templo, sinagoga o al lugar donde se reúnen.
- Actividades según la época del año como ir de compras juntos en Navidad.
- Investigar en las actividades especiales de la ciudad para ver si a alguna les gustaría ir.
- Ir a la playa, a un lago, al rio, al campo o montaña si tienen esas alternativas cerca del lugar donde residen.

Algunas de estas ideas no las realizarás al comienzo de tu relación de pareja. Pero al ir transcurriendo el tiempo juntos es bueno saber si tu nuevo (a) amigo(a) disfruta de las mismas cosas que te gustan a ti. En diferentes situaciones irás conociendo diferentes facetas de esa persona y se irán dando cuenta como piensan de acuerdo con cada situación. Toma en cuenta que existen todo tipo de personas. Las que abren su corazón de una vez, las que son más reservadas, las que se toman el tiempo antes de decir algo sobre su niñez -o su pasado- y aquellas que pueden lucir encantadoras y ser —por el contrario- personas manipuladores y perversas cuando ya los conocemos mejor. Es por ello por lo que te recomiendo leer este libro un capítulo tras otro. Ya que cuando un libro se comienza por el último capítulo ya los primeros no serán emocionantes, y quizá no logren el mismo impacto que si lo lees de la forma en la cual ha sido estructurado. De hecho, una buena relación se puede comparar con la lectura de un libro donde si comenzamos a deleitarnos página a página, paso a paso, poquito a poquito, para ir alcanzando lo más importante - la conexión real con la otra persona.

A veces confiamos en alguien quien aparentemente puede parecer muy amable y termina siendo una persona nada recomendable. Hay casos de gigolos cibernéticos quienes se aprovechan de damas solitarias, que creen en el amor que estos individuos les hacen imaginar para sacarles dinero, sencillamente usando cualquier excusa para lograrlo. Los hombres también son estafados por las mujeres que aplican métodos parecidos al de los gigolos en el Internet y de esta forma obtener dinero de una manera inescrupulosa.

Si ya después de una revisión previa decides encontrarte en un sitio público con tu conocido cibernético, es recomendable que avisases a un familiar o amigo(a) dónde vas a estar y con quien. Te sugiero que la primera cita sea una salida corta. Por ejemplo, como tomar un té o un café. De esta forma, si la otra persona no es de tu agrado hasta allí llegó la relación. Si por la apariencia y la conversación ambos se entusiasman para seguir la charla en la invitación de una cena, significa que van por buen camino. En la etapa donde comenzamos a salir con una persona y en el noviazgo se conocerán poco a poco. No vas a abrir tu mente y corazón de par en par delante de una persona que solo conoces hace unos pocos días o quizás unos meses.

Con el trato aparecerán las características que cada individuo posee y espera que su acompañante conozca a su debido tiempo, así como sus gustos y entretenimientos. De esta manera te darás cuenta si pueden convivir con la forma de ser y actuar de la otra persona. Recordemos que los seres humanos no solo tenemos cualidades también poseemos defectos, mismos que irán aflorando con el trascurso del tiempo. Es bueno tener claro que el mejor signo de educación que una persona puede mostrar es controlar su carácter y sus emociones. Por lo tanto, nuestro carácter se puede comparar con las riendas de un caballo. Si le dejamos las riendas sueltas, el caballo y el carácter pueden

desbocarse. Hay que analizar nuestros defectos y tomar conciencia de aquellos que debemos y podemos cambiar.

Hay parejas que se tardaron más en preparar la boda que en tomar la decisión de divorciarse. Significa que si la persona posee las siguientes peculiaridades: es fanática del boxeo; es extremadamente impuntual; tiene la misma rutina todos los fines de semana; disfruta mucho pasarse hablando horas por teléfono; su perro es inseparable -duerme con él; le gusta que su pareja tenga el cabello color negro y la persona es rubia; no le gusta que le hablen viéndole a los ojos; camina una hora en la mañana y otra en la noche; y come muchas veces al día. Pues ninguno de estos detalles es grave para una persona tolerante. Sin embargo, debemos estar claros en reconocer cuales comportamientos podemos cambiar -por el bienestar de ambos- y ante cuales se es imposible ceder ni un milímetro. Por ejemplo, si tú eres amiga de la puntualidad, no te gusta caminar, no te gustan los perros, piénsatelo. Tal vez no sean del todo compatibles. Por eso en esta etapa es bueno analizar a la pareja y recapacitar sobre aquello que nos agrada y aquello que nos molesta. De lo contrario, deberías pensar si terminas la relación amorosa en este momento antes de pasar a las etapas más serias de una relación.

Antes de tomarse de la mano, antes de darse un beso y antes de algo más allá, es bueno conocer la manera de pensar de tu pareja. Imagínate que tienes un romance apasionado con un recién conocido y por detalles del destino tu método anticonceptivo falló y quedaste embarazada. Y como desapruebas el aborto, no lo consideras como alternativa. Ya con el bebé en camino descubres que el padre de esa criatura tiene una lista de defectos y posee un pasado horrendo. Luego ¿cómo le vas a explicar a tu hijo que ese fue el padre que tú elegiste para él o ella? Y si eres un caballero y decidiste tener un apasionado romance con una mujer de otro nivel intelectual o de distintos principios que los tuyos, recuerda que si queda embarazada y decide tener al bebé esa persona va a ser la madre de tu hijo. Quien dictará las pautas de la educación e instrucción que ese niño va a recibir.

Hay personas casadas que cuando nos relatan su historia de amor sus ojos brillan y reviven ese mágico momento que es la remembranza de aquel sentimiento de amor que les unió. Algunos cuentan que desde el primer momento supieron que consiguieron a la persona indicada. Otros tenían una relación amistosa hasta que *cupido los flechó* para convertir la amistad en una bella atracción amorosa. También sé de historias de parejas donde la perseverancia de un enamorado logra con pequeños y grandes detalles, a través de un comportamiento educado, ganarse el amor de la otra persona. Por ejemplo, conozco el caso de una pareja que comenzaron siendo estupendos amigos. Se apoyaban mutuamente, les encantaba compartir su tiempo juntos y -sobre todo- actuaban desinteresadamente el uno con el otro. Se alegraban cada vez que el caballero le hacia una invitación a la dama y le decía: ¿Puedo pasar por tu casa? ¿Vamos al cine? ¿Vamos a cenar juntos? Ella, también correspondía a las invitaciones incluyéndole en cenas familiares. En ocasiones se pagaban la entrada a un cine, departían en un buen restaurante o simplemente compartían en casa. Sorpresivamente apareció el amor, porque poco a poco se dieron cuenta de que tenían muchas afinidades, y de que se atraían de tal manera que hoy tienen ya varios años casados. Esto ha sido una enorme alegría para ellos, para sus amigos y para sus familiares. Historias de este tipo son reales y algunas han sido fuente de inspiración para películas románticas.

Lo maravilloso de esta etapa es el disfrute en un buen lugar deleitando de unos canapés y si son mariscos, asegurándote de que tu compañero(a) no sea alérgico(a). Disfrutando una buena copa de vino o solo de algo refrescante. De esta forma a través sus gustos pueden comenzar a *leerse* el uno al otro, y así mismo, comenzarán a conocer el libro de vida de cada uno. Es la etapa donde tocaremos temas diversos como sobre lo que pensamos de La Paz. Aquí me refiero a la ciudad capital de Bolivia, porque **también se podría hablar del otro tipo de Paz** y hasta de las guerras. De nuestro último viaje; de la naturaleza; de famosos escritores u hombres célebres; de los Ovnis; de las civilizaciones pasadas. Además de los gustos, sabores y colores de cada uno.

Es como si te tocara participar en estos programas donde está solo el hombre y le hacen preguntas sobre los gustos de su mujer. El hombre daría sus respuestas y cuando la dama regresa al estudio -y le hacen las mismas preguntas- en ocasiones dichas respuestas no coinciden a pesar de tener varios años de casados. Si se preocupan desde el comienzo en ir conociéndose de verdad, serán capaces de responder correctamente. Podrán conversar también de temas vetados en reuniones sociales como lo son: la política, la religión, los deportes, el dinero y hasta de sexo -pero los dos a solas- dándole rienda suelta a estos y a muchos otros asuntos.

Recuerden que la creatividad es fabulosa y muy apreciada en la vida actual. Por lo tanto, úsenla al planificar encuentros exclusivos de ustedes dos o cuando incluyan a otras personas. Para una pareja que está comenzando, es recomendable no solo compartir a solas sino igualmente con familiares y amigos. Varios ojos ven más que uno y si va a ser tu compañero(a) de vida, será fabuloso que se vaya incorporando poco a poco a tu círculo familiar y a tu grupo de amigos. Además, así notarás si esa persona es de las que se integra o de las que rechaza a tus familiares o amistades, y hasta termina criticándolos, lo cual no es aceptable. Ahora bien, como lamentablemente una gran mayoría de familias no se ganarían el premio de la *Familia del Año*, es preferible ir tocando poco a poco los temas delicados. Claro está, tampoco llegando al extremo de estar ya comprometidos y desconocer totalmente todo lo relacionado con la familia de tu futuro(a) esposo(a).

Hay casos que se van al extremo en donde la pareja se casó y desconoce si los padres de su conyugue están vivos. Cuál es el verdadero trabajo de su esposo/a, aunque estos no pertenezcan a un servicio secreto de su país. Desconocen quienes son sus amigos de la infancia o con quienes se reúne habitualmente. Otros que usan lentes de contacto y se levantan antes de que lo haga su pareja para ponérselos sin que su compañera(o) de vida lo note. Hay hombres que jamás han visto sin maquillaje a su esposa, ya que existen mujeres que se levantan de madrugada para embellecerse antes de que su esposo despierte y este siempre le vea impecable. En lo particular pienso que uno debe ser natural con quien comparte nuestra existencia e ir conociendo a su pareja lo más completamente posible y en diferentes situaciones. Eso sí, la educación por mucha confianza que exista no debe dejarse de lado y menos desaparecer.

Existen poco frecuentes casos de *Amor a Primera Vista* y el resto de los grandes amores se toman su período para florecer. Y si el tiempo lo pasamos divertido y notamos que existe empatía y otros sentimientos como el comienzo de una relación amorosa. Entonces seguiremos recorriendo caminos juntos; y acordando una nueva cita, otra y muchas otras más.

**Anécdota**

*Una mujer súper preparada después de su divorcio se concentró en su trabajo. El ser una pediatra muy dedicada a su profesión, le impedía tener una relación sentimental y su vida romántica siempre quedaba en segundo plano. Una de sus hermanas -por hacerle una pequeña broma, conociendo su seriedad- inscribió en un sitio Web de búsqueda de pareja, el perfil de su hermana menor. Cuando ella comienza a recibir mensajes se entera de la broma que su hermana le había planeado. Ella continuó con su ritmo de vida y un día, uno de esos mensajes le llamó la atención. Ya que provenía de un caballero que a través de su escritura demostraba su buena educación y en su mensaje la invitaba a tomar el té en un hermoso lugar.*

*Fue tal el agrado que mutuamente recibieron de su acompañante que, quedaron en cenar juntos y desde ese día la relación creció hasta llegar al registro civil. Lo genial del asunto, es que desde el primer momento este caballero quedó tan impactado de su acompañante, que a diario –de camino a su trabajo- colocaba la estación de radio en español. Porque siendo canadiense su idioma era el inglés. También dominaba el francés por sus padres y por sus viajes a Paris por asuntos de trabajo como consultor financiero. Se sentía motivado para aprender el castellano. Lo cual logró y fue una gran ventaja para él para poderse integrar a la familia de ella. Además, no sólo aprendió el idioma, sino que también leía sobre la cultura, la música, y disfrutaba de la gastronomía de su novia argentina quien como ya mencioné, terminó siendo su esposa.*

Puedo concluir este capítulo comentando que haciendo el uso correcto de la cautela y tomándonos el tiempo prudencial, una relación que comience por el uso de una página Web o por un portal de búsqueda de pareja -en ocasiones- podría funcionar positivamente.

## Puntos Importantes de la Etiqueta para el comienzo de una buena relación:

1. *Conducir cortésmente respetando las señales de tránsito.*
2. *El caballero no toca la bocina o el claxon al ir a recoger a una dama, se baja a buscarla. Solo en casos extremos o previamente acordados, puede llamar para que salga.*
3. *Cachuchas, boinas o sombreros de uso común, no son apropiados al entrar en una oficina o vivienda y menos al sentarse a la mesa.*
4. *Los lentes de sol se utilizan al aire libre, no dentro de un inmueble y menos si estás hablando con alguien. Sólo se justifica si la persona tiene una prescripción médica.*
5. *La cartera (bolso) no se coloca sobre la mesa ni sobre el mostrador de la cocina. Están llenas de gérmenes.*
6. *No confundir caballerosidad con machismo.*
7. *Un bello piropo siempre es bienvenido y más durante la etapa de la conquista.*

♥ ♥ ♥ ♥ ♥ ♥ ♥

# Capítulo *Cuatro*

# Todavía, ni un beso...

*"No olvides nunca que el primer beso se da con la mirada, no con los labios".* Tristán Bernard

Como todavía no nos conocemos bien y estamos en la etapa de conocer su mente antes de conocerlo(a) como enamorado(a), continuamos en la etapa de solo compartir momentos agradables. Si tu acompañante da muestras de insistir en besarte, en tocarte, y en precipitar la situación, ya puedes darte cuenta de que tal vez no seas tú, su prioridad.

Es aquí donde se preguntarán ¿Por qué todavía estoy recomendándoles un poco de paciencia con el beso? Porque ustedes no le darían el volante de su auto a una persona que desconoces si sabe manejar, si tiene un buen récord automovilístico, si no tiene licencia de conducir o si su forma de manejar es irresponsable. Con lo cual, si debes ser tan cuidadoso para hacerle preguntas a un posible conductor de tu automóvil ¿no le harías muchas preguntas a un ser que va a estar involucrado con tu vida personal? Muchas chicas se complican en una relación y solo saben que les gusta el chico. Porque a veces ni conocen su nombre completo. Y terminan no solo dándose besos sino teniendo hasta relaciones sexuales. Suena de película ¿verdad?

He conocido varios casos y les mencionaré dos. Uno de los casos ocurrió en la Universidad de Massachusetts donde tres estudiantes compartían un dormitorio. Dos de las compañeras eran chicas enfocadas en sus estudios y la otra se la pasaba de fiesta en fiesta. A esta chica la llamaré Laura. Un día, Laura llegó súper preocupada a la habitación porque tenía miedo de haber quedado embarazada. Pero lo que más le preocupaba era que esa noche había tenido relaciones sexuales con tres chicos distintos de la universidad y no recordaba sus nombres. Lamentablemente y aunque su comportamiento no era el más decoroso, Laura no cobraba por lo que hacía ni era una "chica mala". Ella solo era una joven estudiante mal asesorada que creía que todo lo sabía. A quien su madre le había dado pastillas anticonceptivas y ella -en su ignorancia- creyó que su cuerpo era un parque de diversiones. Ingenuamente pensó que, lo que hacía no tendría consecuencias ya que -en su mente- sus pastillas anticonceptivas se encargarían de su protección. Hasta aquella oportunidad donde creyó que estaba embarazada. Siendo esto -gracias a Dios-, falso. Lo que si les puedo comentar es que el susto que se dio fue enorme y le sirvió para recapacitar su modo de comportarse.

Otro caso peor que este, fue el de una chica en México llamada María. Quien creía conocer a su pareja y después de un año saliendo juntos se atrevió a tener relaciones sexuales con él. Quedando embarazada. Desafortunadamente el futuro padre al enterarse de esta noticia irresponsablemente desapareció de su vida. Ella valientemente por sus principios religiosos y familiares descartó la posibilidad de abortar. Lo grave de esta situación fue que al segundo año de existencia de este bebé le detectaron una enfermedad, y la chica no tenía idea de cómo responder a los doctores cuando le hacían preguntas sobre el historial familiar del padre del niño. Con lo cual, María solo podía responder lo que correspondía al historial de su familia. Debido a las plegarias de María, y a su gran fe en Dios, en la Virgen de Guadalupe, y en todos los Ángeles del cielo, el niño se salvó y actualmente es un hombre sano y un buen profesional. El padre nunca se preocupó por él. Sin embargo, si tuvo una excelente madre quien, al culminar su carrera profesional como psicóloga especializada en recursos humanos, se dedicó en cuerpo y alma a la crianza de su hijo. Les comento todo esto para que comprendan por qué si no conocemos a nuestro acompañante bien ¿cómo queremos exponernos a una relación donde estamos jugando a la lotería y con la gran posibilidad de no siempre salir triunfadores de la situación?

En la actualidad, donde nuestros medios de comunicación se han ampliado, deben tomar en cuenta la gran influencia de las redes sociales. Además de darles la posibilidad de hacer una pequeña investigación sobre aquellas personas con las que desean involucrarse. Recién conociéndolo(a), no saturarlo(a) con excesivos *me gusta* y demasiados corazoncitos que lo vayan a empalagar, a menos de que cuando se conozcan mejor, a ambos les fascine ese tipo de flirteo virtual. Al llegar a este capítulo, ya pasaste por la etapa de definir lo que te gustaría conseguir en tu pareja. Ya hiciste tu lista de las características principales que te gustaría que tuviese tu pareja ideal. Comenzaron a salir y a conversar sobre diversos temas para ir conociéndose. Sin título todavía, como simple amigos. En esta etapa tienen mucho por analizar sobre su posible enamorado(a). Hasta aquí ya sabes si conoce las *palabras mágicas* y si las usa adecuadamente.

Ya sabemos también que posee una buena educación en general. Que, si para nosotros tener a una persona educada a nuestro lado es prioritario, hemos ido descartando aquellas personas mal educadas y ya tenemos a nuestro lado una persona que sabe cómo comportarse como un caballero o una dama. Y -de esta forma- no vas a tener que darle un curso intensivo con resultados garantizados, si deciden casarse.

Igualmente habrás notado su nivel de ser esplendido(a). Recuerden que dar desinteresadamente es una muestra de amor. Es un gesto muy bello porque revela un corazón generoso. Los regalos pueden ser pequeños detalles -no tienen que ser costosos. Por ejemplo, podrían ser unas flores que el caballero le regala a la dama con un número impar de flores indicando que la otra flor es la bella dama que recibe el ramillete floral. También podría ser una entrada al cine o una salida a cenar, un postre que le gusta a la persona amada. Sencillamente lindos detalles que les unirán más cada día.

Ahora analizaremos su comportamiento contigo. Sería conveniente hacerte las siguientes preguntas:

- ¿Es cortés?
- ¿Se expresa correctamente?

- ¿Trata bien a sus padres, familiares, amigos, o empleados?
- ¿Se viste de acuerdo con cada ocasión?
- ¿Se siente cómodo(a) al presentarte con otras personas?
- ¿No te ridiculiza frente a los demás y es capaz de discutir temas privados en una reunión social?
- ¿Sale contigo y no deja de mirar a otras mujeres u hombres, según sea su preferencia sexual?
- ¿Te compara constantemente con miembros de su familia, amigos u otras personas?
- ¿Comenta tu vida privada o datos personales?
- ¿Te trata como a un objeto y hace escenas románticas en público?
- ¿Respeta tu tiempo, o se dedica a su celular o a hacer llamadas durante las dos o más horas que están juntos?
- ¿Se mete los dedos en sitios no adecuados como la nariz, los oídos o la boca?
- ¿Habla mal de sus relaciones pasadas y comparte detalles de su vida amorosa previa a la tuya?
- ¿Tiene fama de ser agresivo(a)? Al punto de ¿golpear a alguien?
- ¿Socialmente pretende que no te muevas de su lado?
- ¿Respeta tu individualidad?
- ¿Es posesivo(a), celoso(a), o dominante?
- ¿Es vengativo(a)?
- ¿Es rencoroso(a)?
- ¿Quiere saber las claves de tus redes sociales y leer los mensajes que recibes?
- ¿Considera que la mujer es inferior que el hombre o viceversa?
- ¿Descalifica y les pone títulos negativos a las personas?

- ¿Se burla de ti frente a sus familiares o amigos? o ¿permite que ellos lo hagan?
- ¿Te ve por encima de él/ella, por debajo o a su lado?
- ¿Promete cumplir algo y no cumple?
- ¿Todo lo que hace lo deja a medias?
- ¿Culpa de todo lo que le pasa a los demás?
- ¿Se cree perfecto(a)?
- No transmite tranquilidad. Al contrario, ¿te mantiene en jaque?
- ¿Le encanta discutir y llevar la contraria?
- ¿Usa a su pareja de basurero mental?
- ¿Tiene características de una persona con trastorno de comportamiento?

Te hago **todas** estas preguntas porque muchas personas con ganas de sentirse aceptadas y/o queridas, no se percatan de estos detalles hasta que están involucrados sexualmente con un(a) perfecto(a) desconocido(a). Quien le podría hacer daño y hasta robar mientras duermen -como les ha sucedido a personas-, donde la aventura de *una noche loca* terminó en una absoluta pesadilla.

Hay hombres y mujeres que le dan más importancia al contacto físico o a las caricias. Tal como lo expone el autor que les he mencionado previamente -Gary Chapman. Como habrás notado -en este libro- he ido incorporando cada uno de los pasos del amor de este autor dependiendo de su momento adecuado. Por ello ese tan esperado beso debe realizarse cuando te sea posible asumir el intercambio de microbios, las energías en común, y todo lo que involucra la decisión del contacto físico. Así mismo, también notarán como su parte espiritual se involucra en estas situaciones.

En las relaciones humanas la empatía de la pareja juega un

papel importante para que tengamos relaciones exitosas. No acosaremos a nuestra pareja con sobrecarga de mensajes, fotos, ni llamadas telefónicas. Es bueno disfrutar de la programación de la televisión cuando estemos *solos*. Ya que es interesante estar al día en los temas políticos, conocer las noticias actuales y hasta saber que está de moda. Así como otros tópicos que sean de su agrado. Pero no prendas la televisión cuando alguien esté de visita en casa. A menos de que se hayan reunido con esta finalidad. Por ejemplo, ver juntos un debate político, un deporte y hasta un certamen de belleza.

En una oportunidad una amiga que trabajaba para una empresa trasnacional, en uno de los países donde fue asignada en una posición gerencial, conoció a una persona muy interesante. Al comienzo, ya había hecho su lista de los puntos importantes que esperaba en su próxima relación. Voy a mencionar algunos de ellos: quería que fuese educado y que tuviera clase (este punto siempre es recomendable en la lista). Que no fuera un fanático de ver deportes por televisión (el fanatismo *"per se"* no es recomendable), a ella le gustaba disfrutarlos en vivo en un estadio, pero no verlos por otros medios. Que le gustara las comidas exóticas. Que fuera una persona culta. Que fuera contemporáneo con ella. Que coincidieran en la forma de ver la vida. Que abordara los problemas sin perder el control (las escenas de las películas en las que él o la protagonista destroza un lugar en un momento de furia no son agradables en la vida real). Y finalmente que le gustara el mismo estilo de música que a ella. El pretendiente poseía todas estas cualidades, pero se podía hacer una lista larga de detalles que no eran adecuados para el estilo de vida de una buena pareja. Comenzando con el comportamiento inadecuado que se pudo percibir en algunas ocasiones, juntamente con la inflexibilidad de su visión con respecto a la globalización. Únicamente le gustaba su país, se burlaba del acento de mi amiga y salir de su *zona de confort*, lo aterraba ¡Gracias a Dios! que la situación sólo quedó en varias salidas a cenar o a un cine, a compartir con amigos y familiares, y hasta allí... llegó el romance.

Actualmente, la realidad para muchos seres humanos es que no pertenecemos, me incluyo, a algún lugar en particular. Debido a que, por motivos de matrimonio, trabajo o estudios, hemos tenido que vivir en diferentes países del globo terráqueo. Para este tipo de personas, a veces es más fácil relacionarse con individuos que son parte de este estilo de vida. En mi caso, después de recorrer más de cien ciudades y vivir en más de diez lugares diferentes de la esfera terrestre, he llegado a la conclusión que es mejor sumar y no restar. Se debe tratar de agregar lo positivo que cada persona, situación, o civilización te pueda ofrecer; y más, cuando tu pareja pertenece a otra cultura.

Lo bueno de la globalización es nos enriquece intelectualmente y nos abre más posibilidades en la vida. Además, hoy más que en épocas anteriores de la humanidad, podemos visualizar a la esfera terrestre completa y disfrutarla a través de viajes, de la música, de degustar la amplia variedad de platillos que existen en la gastronomía internacional, de compartir con individuos de diferente idiosincrasia de otras partes del mundo, donde notaremos que en otros países -una misma situación- se maneja desde otra manera. Y si de empleo se trata, las grandes empresas globalizadas te abren posibilidades para trabajar local o internacionalmente. Lo interesante es que, si se trata de unos recién casados, a quienes les toca la situación que por motivo laboral se muden a otro país, la experiencia de enfrentar juntos la adaptación en su nuevo lugar de residencia, los puede unir como pareja.

A veces sin tener que viajar físicamente, podemos conectarnos con otro país o cultura al visitar un restaurante de comida extranjera, al ver películas internacionales, participando en festivales de un país como el Oktoberfest -el del Club Alemán en Ciudad de México es excelente- y teniendo amigos de otros lugares del planeta. Y para complementar, podemos aprender a bailar ritmos que provienen de otros lugares del planeta, diferentes al que usualmente estamos acostumbrados.

Sobre danzar -a los jóvenes les recomiendo- que, si no saben bailar, tomen un curso si es necesario; y si puede ser con su novio(a), mejor aún. Porque una de las sensaciones más bellas que una pareja puede experimentar, es que juntos dancen en una pista de baile o en la sala de su casa dejándose llevar por la melodía de una canción. En una oportunidad escuché una frase que decía algo así: *bailar con tu pareja, es como hacer el amor de pie.* Así como la primera vez que estuvieron juntos sexualmente y no estaban muy coordinados, pues lo mismo podría ocurrir la primera vez que bailen juntos. Pero si ambos están en la misma frecuencia, notarán que con el tiempo poco a poco lograrán hacerlo más armoniosamente. Es aplicable a ambas condiciones, tanto al bailar como al hacer el amor, ya que esta es la meta ideal en ambas situaciones.

Para sentir el amor correctamente, -por muy enamorados que estemos- es recomendable mantener los pies en el piso y en la realidad. Si vives en Miami y vas a elegir un abrigo para viajar a Canadá en pleno invierno, debes tomarte el tiempo para buscar aquel abrigo que reúna las condiciones importantes para ti. Así como el material con el que está confeccionado; el color que combine con tu fisionomía; el largo del abrigo según tu estatura; el costo del abrigo adaptado a tu presupuesto -y lo más importante- que sea cómodo. Lo mismo ocurre con esa dama o caballero que te acompañará en un paseo a un lugar específico y que luego se puede convertir en la compañero(a) del viaje de tu vida.

Extractos del Poema de Andrés Eloy Blanco
## Pleito del Amar y del Querer

Me muero por preguntarte
sí es igual o es diferente
querer y amar, y si es cierto
que yo te amo y tú me quieres.

—Querer es lo del deseo
y amar es lo del servicio;
querer puebla los rincones,
amar puebla los caminos;
queriendo se tiene un gozo
y amando se tiene un hijo.

—Amar es con luz prendida;
querer, con la luz apagada;
en amar hay más desfile,
y en querer hay más batalla.

Querer no es esa apacible
ternura que no hace huella.
Querer es querer mil veces

en cada vez que se quiera.

E s haber amanecido
sin habernos explicado
cómo sin haber dormido
pudimos haber soñado.

—T odo esto es querer y amar,
y amar es más todavía,
porque amar es la alegría
De crearse y crear.

No hay un hombre que supere
a la versión que de ese hombre
da la mujer que lo quiere;

ni existe mujer tan bella,
ni existe mujer tan pura
como la que se figura
el hombre que piensa en ella.

Pero allí no se detiene
la creación del amor
he inventa un mundo mejor
para el que ni mundo tiene.

Querer es tener la vida
repartida por igual
entre el amor que sentimos
y la plenitud de amar.

Y así el amor es caricia
que se nos va de las manos
para servicios humanos
en comisión de justicia.

Amar es querer mejor,
y si le pones medida,
te resulta que el amor
es más ancho que la vida.

Amar es amar de suerte
que al ponerle medidor
te encuentras con que el amor
es más largo que la muerte.

Y en el querer lo estupendo,
y en el amar lo profundo,
es que algo le toque al mundo
de lo que estamos queriendo.

♥

En lo particular me gusta mucho ese poema el cual nos da una idea de lo que es el verdadero amor. Para una relación de pareja exitosa, yo le agregaría la frase célebre de Antoine De Saint-Exupéry: *"Amar no es mirarse uno al otro, sino mirar ambos en la misma dirección"*. De nada nos sirve pasarnos horas mirándonos mutuamente si nuestra mirada hacia el futuro está enfocada en dos objetivos diferentes -y a veces, hasta en direcciones opuestas. Tómate tu tiempo para encontrar a esa pareja ideal. Por mucha presión que te imponga la sociedad. Especialmente si eres mujer, no te cases por salir del paso o por huir de la casa de tus padres. Hay familiares y amigos que disfrutan preguntándoles a los solteros con cierta insistencia: ¿Tienes novio(a)? ¿Cuándo te casas? Lo cual es un detalle que incomoda a los solteros y a veces, los precipita a una toma de decisión inadecuada. Recuerda que la familia es la base de la sociedad y al igual que cuando se va a edificar una casa se debe edificar sobre una buena fundación; asimismo, al formar un hogar lo debemos basar sobre una buena relación de pareja.

Aunque en muchos lugares la buena conducta brilla por su ausencia, creo que esta información básica, puede ser de ayuda para notar el comportamiento correcto o incorrecto de la persona a quien estamos conociendo. Así como en los juegos de mesa y en los deportes existen reglas para saber la manera adecuada de participar, también podemos aprovechar esta circunstancia para notar la actitud, que se tiene en un juego. Recordemos el dicho: *el caballero y la dama se conocen en la mesa y en el juego.* Es decir, si conocemos las reglas a seguir en la sociedad donde nos desenvolvemos, nuestra convivencia social será mucho más agradable.

Como dicen que una imagen habla más de mil palabras.

Según tu percepción, ¿qué transmite este hombre por

medio de su mirada? Y... ¿qué transmite la mujer por medio de su lenguaje corporal?

## Puntos Importantes de la Etiqueta cuando todavía no hay un beso...

1. "La moda, la que te acomoda" y el perfume o colonia se debe usar de una manera sensata.
2. Aunque estés en la playa si te vas a sentar a comer en una mesa ponte una camisa. Y si eres una dama ponte un vestido, blusa, y cúbrete por respeto a los presentes.
3. Los palillos se usan en el baño. Al igual que peinarse, maquillarse, limpiarse la nariz, oídos y dientes.
4. La copa se toma por el tallo y el dedo meñique no se debe levantar al tomar cualquier bebida en una copa, vaso o taza.
5. Cuidar nuestra postura al caminar, al estar de pie y al sentarnos. En una acera o banqueta, el caballero camina hacia el lado de la calle y la dama hacia las edificaciones. En una sala de espectáculos, cine o teatro para pasar a tu lugar, hazlo viendo al escenario.
6. Al sentarnos y cruzar las piernas, no se deben tocar los pies con o sin zapatos ni es apropiado colocarlos sobre la mesa y mostrar las suelas... tampoco es apropiado.
7. En los sitios públicos, cede el paso o el asiento a las damas, al igual que a las personas inválidas, personas mayores, mujeres embarazadas o a alguien -sea este hombre o mujer- que amerite amablemente de tu ayuda.

♥ ♥ ♥ ♥ ♥ ♥ ♥

# Capítulo Cinco

# Entre acercamiento y caricias

*"Por una mirada, un mundo; por una sonrisa, un cielo; por un beso... ¡Yo no sé qué te diera por un beso!".*
Gustavo Adolfo Bécquer.

**S**i lograste llegar a este capítulo sin haberte involucrado en caricias ni en contacto físico, ¡Te felicito! Has logrado darle más importancia a tus neuronas y a tu parte intelectual, que a tus hormonas. Eso te permite tomar mejores decisiones. Es como si tienes que sentarte en una mesa de negociaciones y lo haces con varias copas de vino. De esta forma no vas a tener la claridad para pensar plenamente con tus cinco sentidos. Ni estarás listo para decidir cuáles son los puntos de la negociación que favorecen a la compañía que representas o a ti en lo personal.

Piensa por un momento en las siguientes preguntas: ¿Imaginas a una chiquilla adolescente teniendo relaciones sexuales y quedándose embarazada? o ¿al chiquillo que se entera que va a ser padre cuando no se ha terminado de desarrollar física o mentalmente? Si para un adulto analizar todos los puntos expuestos en los capítulos anteriores no es fácil, para los adolescentes será todavía más complicado. Por ello considero que la educación sexual impartida por los colegios y por los padres, no sólo les debe enseñar a usar métodos anticonceptivos -sino también- debería enfatizar que nuestro cuerpo no es un parque de diversiones sino un lugar sagrado. Vale la pena mencionar que antes de cumplir tus 22 años, tu prioridad deberían ser tus estudios. Y posteriormente prepararte económicamente, así como mentalmente. Para de esta forma poder alcanzar tu verdadera independencia como ser humano y a su vez, ser capaz de proveerte un buen porvenir.

Antiguamente las mujeres se casaban a los quince años y los hombres a los veinte e imagínense que ya a los cuarenta años muchos habían fallecido. Las personas se morían muy jóvenes comparado con esta época. Actualmente las personas viven hasta los ochenta, noventa o más años. Por lo tanto, ¿para que precipitarte? Lo ideal es *quemar las etapas de la vida*, subir la escalera de nuestra existencia escalón por escalón; porque si no, más tarde verás personas de cuarenta años comportándose como adolescentes. Por lo general esto es debido a que a sus quince años estaban viviendo como si tuviesen veinticinco años, y para entonces no vivieron las etapas de la vida que les correspondía.

Esta es la edad donde puedes salir con un grupo de jóvenes. Puedes disfrutar de la playa, practicar un deporte, visitar lugares en donde la música te permite dejarte llevar por el ritmo. Bailar con diferentes parejas sin ataduras y sin compromisos. Y además, sin tener que ser tocado(a) irrespetuosamente por nadie. Solo tú debes ser quien toma la decisión de quien toca tu cuerpo o no. Sabemos que algunas personas quedan atrapadas en relaciones muy dañinas donde -en casos extremos- existe el maltrato físico o verbal. Personas que se sienten enredados en una relación que más que amorosa, se convierte en una relación basada en el sexo. Luego por no tener la experiencia de la vida o debido a su inmadurez, no saben cómo salirse de situaciones tan engorrosas o comprometedoras.

También es importante mencionar el nivel de compromiso que pueden aportar a la relación amorosa. Por ejemplo, si tienes un plato de comida delante de ti que no deseas comerte, no es recomendable que tomes un tenedor para probarla y jugar con la comida. En este caso es preferible dejar que sea otra persona la que disfrute este plato. Igualmente sucederá con aquella persona que realmente no te interesa. Es mejor no involucrarte, si sabes que no es para ti. Y como dice el dicho: *agua que no has de beber, déjala correr.* Y si no te gusta las bebidas alcohólicas, tampoco debes tomarlas. Esto se puede aplicar también a los seres humanos. Por ejemplo, si tengo planes de mudarme a Londres y estoy viviendo en este momento en la Ciudad de México, no entusiasmes a una persona y le hagas creer que la relación tiene futuro, cuando ya sabes que no va a tener chance de permanecer en la foto y en la película... menos.

Por lo tanto, lo más recomendable es que seas sincero(a). Si, además, estás a punto de mudarte de país, no vas a tener una relación estable con tu nuevo conocido(a). A menos de que sientas que encontraste a tu media naranja y que esta persona despertó en ti *un amor a primera vista.* Pero si este no es el caso, no engañes a otro ser humano ni a juegues con los sentimientos de otra persona ¿correcto? Es como si quisiera sembrar un árbol y me gustaría que me acompañara por el resto de mi vida o por lo menos gran parte de ella. Tengo que buscar el momento adecuado. Que sea primavera u otoño, que reciba la cantidad de agua necesaria, y que además, se encuentre en el terreno y el clima indicado. Igualmente ocurre con las relaciones de pareja. Cuando vamos a querer sacar lo mejor posible de la relación, lo ideal es tener las condiciones adecuadas. En otras palabras, *"si el amor fuera como un árbol, las raíces serían tu amor propio. Cuanto más te quieras a ti mismo, más frutas dará tu árbol a los demás y más sostenible será con el tiempo"* - Walter Riso. Y Gabriel García Márquez no se queda atrás con su bella frase: *"Te quiero, no por quién eres, sino por quien soy cuando estoy contigo"*. Recuerda que para que la relación sea beneficiosa para ambos, también dependerá que queramos ser mejores seres humanos cada día.

Hasta este momento ya sientes que su forma de actuar y de conversar te indica que te gustaría conocer otro tipo de comportamiento más cercano - amorosamente hablando- con la persona que ya preseleccionaste. Así mismo, ya has usado el lenguaje relacionado al tiempo de calidad y disfrutas de tu pareja cuando comparten tiempo juntos. Han aplicado el dicho: "Al que le guste celeste, que le cueste".

Me gustaría comentarte que hay siete (7) virtudes y siete (7) pecados que valen la pena ser mencionados:

Yelina Nieto

| 7 virtudes | 7 pecados |
|------------|-----------|
| Humildad | Soberbia |
| Generosidad | Avaricia |
| Castidad | Lujuria |
| Paciencia | Ira |
| Templanza | Gula |
| Caridad | Envidia |
| Diligencia | Pereza |

Ustedes se preguntarán y ¿para que me sirve esta información? Es importante porque de esta forma notarás si a tu pretendiente le importa otra persona además de él mismo. Descubrirás si asume que siempre seas tú la que pague la mitad de la factura de un restaurante. Y si posteriormente te cobrará hasta los céntimos que debes aportar a la cuenta de aquella salida a cenar. Si pierde su paciencia con facilidad. Si come o bebe como los romanos en las bacanales. Si se compara y envidia a los demás que posean algo mejor que él. Si es poco diligente. De esta forma, saliendo juntos observarás situaciones que no van a cambiar. Bien sea que más tarde decidan vivir juntos o casarse. Ya que circunstancias como estas -por lo general- no mejoran o cambian con el tiempo. Igualmente es aplicable a la mujer ególatra, envidiosa, glotona, ávara, iracunda. Aquella mujer que no es diligente y que no tendrá reparo en tener varios amoríos a la vez. Toma en cuenta que esta persona podría ser la madre o el padre de tus hijos. En consecuencia, allí te preguntarás: ¿Vale la pena pasar a una relación más seria con esta persona o sales huyendo cuando todavía estás a tiempo?

Dichos sabios que son buenos tener en cuenta:
*"Si quieres conocer a Inés, viaja con ella un mes".*
*"Si quieres conocer a Marquito, dale un puestito".*

Lo cual no solo le puede pasar a Inés o a Marquito, le puede pasar al sexo opuesto, a Ginés y a Marquita, refiriéndose al viaje y al puestito. Con respecto al puestito, se puede interpretar en un empleo o darle un título. Por ejemplo, darle el cargo o título de novio(a) a un amigo(a). De amigo era excelente, de novio(a) es celoso(a), absorbente, grosero(a) y/o dominante.

Recuerden que las personas poseen cualidades y defectos. Sin embargo, hay algunos defectos no graves y otros muy difíciles de soportar. De estas catorce (14) situaciones, analiza con cuales podrías vivir y cuales son inadmisibles para ti:

1. No se comporta correctamente cuando te acompaña a eventos sociales como no despegarse de su celular.

2. Sus modales en la mesa no son los adecuados. Por ejemplo: como usa el cuchillo como un puñal y coloca el codo en la mesa con los cubiertos a los lados del plato como si estos fueran remos.

3. Te toca <u>sin tu consentimiento</u> en sitios inapropiados a solas y hasta en público.

4. Lo(a) has visto actuando incorrectamente muchas veces hasta le da "pataletas" de niño(a) malcriado(a) si lo(a) contradices.

5. Su atuendo favorito es estar casi desnudo(a). La elegancia y el buen gusto no son parte de su personalidad. Se presenta en una boda formal de minifalda y si es hombre con una camisa azul y corbata extravagante. Los fotógrafos tratan de colocarlos en los extremos de las fotos para poderlos borrar.

6. Es un hombre que no te abre la puerta de un auto ni se levanta cuando llegan a un lugar las damas. Y si en general no es cortés ni atento -ni siquiera con su madre o abuela- esto indica que menos lo será contigo. Y si es mujer, carece de gentileza.

7. Cuando abre la boca dice muchos improperios. Si es mujer parece que acabara de salir de la cárcel de hombres (ni siquiera de la de mujeres) -por el vocabulario que utiliza. Si es hombre, no respeta la presencia de las damas.

Así pues, si encuentras que tu pareja posee alguno(s) de los siete primeros defectos de esta lista; algunos, si así ellos lo deciden y hacen el esfuerzo de al menos… <u>intentarlo,</u> van mejorando su mal comportamiento con el transcurrir del tiempo. Hay tres proverbios que te pueden orientar en la toma de decisiones relacionadas a la búsqueda de tu pareja. *Corrige al sabio y lo harás más sabio, corrige al necio y lo harás tu enemigo; El que anda con lobos aprende a aullar;* y por eso recomiendan, *Cada oveja con su pareja,* para lograr una mejor relación amorosa. Ahora continuemos con otras no cualidades:

1. Es muy agresivo(a). Y no le importa ridiculizarte frente a su familia o tus amigos.

2. Lo(a) has visto consumiendo drogas.

3. No es respetuoso(a) en general con nadie.

4. Su bipolaridad es notoria: un día es simpático(a) y el otro día un ogro(a).

5. No respeta los 10 mandamientos de la ley de Dios o cumple con los preceptos de cualquier creencia que supuestamente profesa.

6. Si es mujer le gusta coquetear con *Raimundo y todo el mundo*. Y si es hombre, es un mujeriego empedernido.

7. Si se presenta un problema grave de cualquier índole - podría ser una enfermedad-, alguna situación de trabajo o problemas graves con conocidos o hasta con personas extrañas, se mantiene al margen, al punto que se desconecta de la situación, se va del lugar y/o hasta termina culpándote de lo sucedido o de los errores de otros. En otras palabras, no sientes que tienes un apoyo o solidaridad hacia ti.

Cabe mencionar que, si tu pareja posee alguno(s) de los últimos siete defectos, vivir el día a día con una persona con estas características, es como estar subido(a) en una montaña rusa, donde va a ser un constante subir, bajar y girar... una situación súper incómoda. Sólo si posees la paciencia y/o el alma de un mártir -eres la reencarnación del Santo Job o de Santa Rita- tal vez logres que la persona progrese en su forma de actuar, y si consigues que mejore todos sus defectos, ¡felicitaciones! Hasta podrías ser nominado(a) para los récords Guinness ¿Conoces algún caso así? Lamentablemente nadie puede garantizarte el 100% de un cambio de comportamiento. Además, si ha llegado a golpearte, podrías acabar en el hospital.

Personas con estas particularidades, no son las más adecuadas para formar un hogar o constituir una familia.

Asimismo, deben estar de acuerdo con respecto al tema de las finanzas. El dinero -para una relación de pareja- es uno de los puntos más relevantes para conservar una buena relación. Y esto hay que tenerlo claro. Hay un dicho que dice: *cuando los problemas económicos entran por la puerta, el amor sale por la ventana.* En consecuencia, cuando vayas a tomar la decisión de buscar tu pareja ideal, estos son los pequeños detalles que hay que tomar en cuenta. Entiéndase que *por ideal* no significa la relación perfecta, ya que la perfección no existe, y sólo la posee Dios. Al ideal que me refiero, no solo es aquel placer que sienten cuando están juntos, es también sentir que verdaderamente tienes a una persona aliada a tu lado y que hacen un buen equipo en todo el sentido amplio de la palabra.

Hasta aquí nos hemos percatado de lo básico de nuestra pareja, aunque a veces no lo conoceremos totalmente ni que vivamos muchos años con nuestro/a compañero/a de vida. Una psicóloga amiga me comentó en una oportunidad lo siguiente: *te casas con una persona y te divorcias de otra.* Cuando después de veinte años de casados yo veía en el juzgado al padre de mis hijos, pensaba ¿Dónde quedó aquel hombre maravilloso que me escribía las más bellas cartas de amor y que logró -que feliz y enamorada- nos casáramos y tuviésemos tres maravillosos y adorados hijos? Lo que si les puedo decir es que tenía todo lo que una mujer pudiera esperar. Tenía belleza física, era educado, era culto, profesional y muchas otras cualidades. Sin embargo, había dos puntos importantes en los cuales nunca me fijé: no teníamos gustos afines y era un hombre que estando casado, aceptaba el coqueteo y algo más... de algunas mujeres. Un patrón de comportamiento muy admitido y hasta celebrado en algunas culturas, pero no por mí. Siendo novios, uno de los puntos importantes que ambos estábamos de acuerdo, era que una tercera persona, no era bienvenida en nuestra relación. Lamentablemente, ya casado se le olvido ese previo convenio entre ambos.

Estas situaciones lograron que después de dos décadas de matrimonio, firmáramos nuestra separación. Aunque yo me divorcié, no les recomiendo que se casen con la idea de que si las cosas no funcionan se divorciarán. Sería como invertir en una empresa -que consideras exitosa al inicio- con la idea de fracasar. Cuando se comienza un proyecto se inicia con toda la energía y el deseo de ser triunfadores. No de lo contrario. Si sucede lo peor, te levantas de nuevo y te preparas mejor. Ya sea por el desaliento de un amor no correspondido, una empresa que fracasó o simplemente el próximo reto con el cual la vida te sorprenda.

Hay que recordar siempre que por muy molestos que estén, no debes perder el control sobre ti mismo. Ya que los gritos y los malos tratos nunca benefician a nadie. Les puedo mencionar que a los que más les afectan las desavenencias de una pareja, es a los hijos. En consecuencia, si queremos adultos exitosos, familiares, buenos profesionales y socialmente con sus vidas estables, debemos darles el buen ejemplo. Y a pesar de que haya una separación conyugal, los padres deben velar porque la ruptura les perjudique lo menos posible a sus hijos. No deben hablar mal de su expareja. En mi caso, y más, si la persona que me pregunta que pasó con mi primer esposo, lo hace frente a mis hijos, siempre respondo: "No somos compatibles". Los demás detalles no son necesarios.

A ustedes jóvenes que tuvieron una infancia y/o adolescencia afectada por la relación de sus padres, les ayudaría mucho tomar en cuenta el no cometer los mismos errores que ellos cometieron.

Me gustaría compartir con ustedes este hermoso mensaje:

*Cuenta una historia tibetana que un día un viejo sabio preguntó a sus seguidores lo siguiente: – ¿Por qué la gente se grita cuando están enojados?*

*Los hombres pensaron unos momentos:*

*-Porque perdemos la calma – dijo uno – por eso gritamos.*

*-Pero ¿por qué gritar cuando la otra persona está a tu lado? Preguntó el sabio ¿No es posible hablarle en voz baja? ¿Por qué gritas a una persona cuando estás enojado?*

*Los hombres dieron algunas otras respuestas, pero ninguna de ellas satisfacía al sabio.*

*Finalmente él explicó:*

*-Cuando dos personas están enojadas sus corazones se alejan mucho. Para cubrir esa distancia deben gritar para poder escucharse. Mientras más enojados estén más fuerte tendrán que gritar para escucharse el uno al otro a través de esa gran distancia.*

*Luego el sabio continuó:*

*– ¿Qué sucede cuando dos personas se enamoran? Ellos no se gritan, sino que se hablan suavemente ¿por qué? Porque sus corazones están muy cerca. La distancia entre ellos es muy pequeña.*

*El sabio sonrió y dijo:*

*– Cuando se enamoran más aún ¿qué sucede? No hablan, sólo susurran y se vuelven aún más cerca en su amor.*

♥

Recuerden que nuestra mente es muy poderosa. Veamos siempre la vida con optimismo no como si camináramos teniendo una nube gris sobre nosotros. Pensando que, si cae un rayo, nos va a caer encima a nosotros. A pensar en positivo, a prepararnos y a lograrlo. Hagan planes para ir a conocer una bella y romántica ciudad como Paris -si aún no la conocen.

A estas alturas de la relación y después de varias salidas a diferentes lugares y pasar circunstancias diversas, ya te gustaría tener una verdadera noche romántica donde puedas bajar la guardia porque la otra persona te inspira confianza. Si al final de la salida entre las miradas y las señales previas, notas que tu acompañante comienza a acercar su rostro hacia el tuyo para darte un beso... el cual marca con *broche de oro* el encuentro.

Lo más probable es que lo vas a disfrutar porque el terreno abonado ya tiene mejores condiciones en esa relación amorosa, y ambos sienten el beso de una manera compatible. En cambio, si precipitamos ese beso en nuestra primera salida hay la posibilidad de que nuestra pareja lo tome como algo desagradable y hasta como una invasión de su espacio privado.

Quiénes son los que mejor besan de acuerdo con el zodiaco. Mundo Actualidad en su publicación del 22 de enero del 2018 comentó que un beso puede ser memorable. Pero que esto dependerá de la química existente entre las dos personas. La táctica que se use para besar, y hasta algo de magia con la otra persona. Según la Universidad Rutgers, el beso perfecto debe ser húmedo y con la boca ampliamente abierta por parte de las mujeres. Así mismo, quisiera compartir contigo la forma de besar de cada signo zodiacal:

**Aries**. - Dan besos tiernos y pasionales. No suelen pedir permiso para darte un beso y los da por sorpresa.

**Tauro.** - Amantes de los besos largos y profundos. Le encanta que mientras besa su pareja le toque el cabello y se deje llevar.

**Géminis.** - Entregan besos de todo tipo. Su forma de besar no es definida ya que depende de su estado de ánimo.

**Cáncer.** - Son muy seguros al momento de dar un beso. Los enloquece que les hablen en cada beso por medio de susurros.

**Leo. -** Cuando no ama sus besos son fríos y tímidos. Por el contrario, cuando está enamorado(a) de verdad se entrega por completo.

**Virgo. -** Es el signo que da besos minuciosos y detallistas. Su forma de besar puede cambiar a medida que su pareja se conecte emocionalmente con él/ella.

**Libra. -** Excelentes besadores. Se caracterizan por dar besos envolventes y recorrer el cuerpo de la otra persona con sus labios.

**Escorpión. -** Intensos para dar besos. Despiertan fuertes emociones en sus parejas.

**Sagitario. -** Tiende a dar besos seductores y lentos hasta llegar a besos ardientes y creativos que enloquecen a su pareja.

**Capricornio. -** Da besos tímidos, sin embargo, cuando está en confianza reconoce lo que su pareja quiere. Es un conquistador y tiene la habilidad de saber los deseos de su ser amado.

**Acuario. -** Entrega besos creativos que pueden ser cálidos y distantes. Violentos o delicados y provocadores.

**Piscis. -** Sensible y soñador, y sus besos van en la misma línea.

Como podemos notar, hay una interesante variedad de besos. Ademas, aunque seamos expertos en dar un excelente beso al estilo francés, esto no significa que deban practicarlo con todo el mundo, ni que en la primera oportunidad esta destreza sea demostrada. Es por ello, la importancia de que todo llegue a su debido tiempo.

¿Cómo te sentiste con ese primer beso? ¿Fue sensual? Al principio lo ideal es el roce de los labios y poco a poco sus labios se abrirán para cruzar su lengua con la tuya. Sentiste a lo mejor que todo tu cuerpo estaba dando muestras de estar en sintonía con ese momento tan esperado. Tal vez, llegas a casa como flotando por el aire, o puede ser que -químicamente hablando- no le veas futuro amoroso a esta relación.

Es bueno mencionar que toda demostración amorosa es un asunto privado. Los besos, caricias y hasta esas palabras que algunos enamorados usan en la intimidad, no son bien vistas frente a otras personas. Ejemplo: "Mi corazoncito de miel, terroncito de azúcar y mermelada". A lo mejor te sonreíste leyendo el ejemplo o hasta te empalagaste, así se sienten muchas personas al escuchar algún enamorado que usa ese tipo de expresiones en público. En privado, da *rienda suelta* a tus demostraciones de amor y a las expresiones románticas, pero en público -incluyendo redes sociales- cuida tu comportamiento amoroso por respeto a las personas que están a tu alrededor.

A estas alturas sabrás que tipo de relación van a tener. Puede ser que ya son novios con miras a conocerse mejor para después dar el paso al compromiso y luego... al matrimonio. Hay casos donde un/a chico/a tiene en su perfil en un Facebook, *en una relación* y su "supuesto/a enamorado/a" tiene en su perfil, *soltero/a* y solo falta agregarle... sin compromiso y disponible. Si así ambos se sienten felices con la relación que llevan y están de acuerdo; no hay problema, es la decisión de ambos. El problema existe cuando el hombre y la mujer están en frecuencias diferentes. O uno de los dos, no le está dando el lugar que le corresponde a su pareja.

## *Puntos Importantes de la Etiqueta entre acercamientos y caricias...*

1. *Demostraciones amorosas en público no son apropiadas. Está bien visto agarrarse de manos, un abrazo, un cruce de miradas, un beso en la mejilla, frente... hasta en la mano ¿Y en la boca? En la intimidad. En público un beso en la boca solo es bien visto el día de tu boda o tan superficial y discreto que, no incomode a las personas presentes.*
2. *Debes cumplir tu palabra.*
3. *Una persona sincera, no es lo mismo que ser brusca o descortés.*
4. *Es muy importante vestirse según la ocasión.*
5. *Los caballeros usarán camisas de manga larga y de color blanco cuando asistan a eventos formales.*
6. *Las mujeres no deben excederse en el uso de los accesorios.*
7. *Por muy grave que sea la situación, recuerda que hablando se entiende la gente. Cuando estés molesto(a) debes controlar la situación y jamás agredir verbalmente a la otra persona con calificativos negativos o palabras altisonantes, y menos atacarla físicamente. "A una dama no se le toca ni con un pétalo de una rosa". Tampoco una mujer debe golpear a un hombre.*

♥ ♥ ♥ ♥ ♥ ♥ ♥

# Capítulo Seis

# Lo que tanto esperábamos

*"El sexo sin amor solo alivia el abismo que existe entre dos seres humanos de forma momentánea".* Erich Fromm

Legó el momento esperado porque ya pasamos las pruebas de los capítulos anteriores y decidimos concertar una cita en un lugar romántico. Si eres muy conservador(a) pensarás en tener relaciones sexuales después de casarte por la Iglesia - sinagoga, templo o juzgado- y que un sacerdote, rabino, pastor o un juez les dé la bendición y/o los declare marido y mujer. Sin embargo, si la decisión de tener tu primera noche romántica es sin la legalidad de un matrimonio, podrás tener un encuentro amoroso en un lugar especial preparado para la ocasión. En tu apartamento o el de nuestra pareja... tal vez en un hotel. De allí va a derivar -en gran parte- la magia del encuentro amoroso. En este momento más que en ninguna otra de las situaciones, podremos demostrar nuestro comportamiento educado con nuestra dama o nuestro caballero.

Hay hoteles que se han ganado fama internacional donde las parejas pueden pasar una *luna de miel* inolvidable. Poseen hermosas vistas, jacuzzis, baños turcos o pequeñas piscinas dentro de las amplias y muy cómodas habitaciones. Estas

pueden ser muy modernas o remontarte a la época del romanticismo europeo. Todo dependerá de tus gustos y de la decisión que tomes con tu pareja. Puede ser en una montaña con la chimenea de la habitación encendida. En medio de un safari, en la ciudad romántica por excelencia -*Paris*, u otra ciudad famosa o cerca de la costa, si les gusta la playa. Por lo general el destino favorito de muchas parejas está relacionado con una fabulosa vista al mar. Ya sea en tierra firme o en una isla. Las islas del Pacífico o del Caribe son muy solicitadas para este tipo de ocasión.

Fíjate en cuidar los pequeños detalles en ese momento especial. Como una botella de champaña con sus copas de flauta o alguna exquisita bebida sin alcohol, algún arreglo floral, las sábanas que sean de buen algodón o de lino, -si se trata de clima cálido. Lo importante es que ambos estén de acuerdo con el lugar elegido. Complementa este maravilloso momento con unas velas, una música agradable y la exclusividad absoluta para tu pareja en este tiempo y espacio, diseñado solo para ustedes. Puedes acondicionar el lugar con un rico aroma que estimule el deseo sexual. Por ejemplo, como el olor de la canela, el jazmín, el jengibre, la lavanda, la rosa, el sándalo o la vainilla.

Es recomendable tener a tu alcance un vaso con agua u otra bebida. También son útiles las toallas de mano de algodón o desechables en ambas mesas de noche si se trata de un hotel o de una recamara con esos muebles en la habitación. Si se trata de otro tipo de lugar, busca el sitio que les quede cómodo para tener cerca las cosas que se requieran para un momento tan especial. Lo importante es que después del momento mágico, no necesiten salir corriendo al baño cada uno por su lado para higienizarse o asearse adecuadamente, sino que placenteramente, puedan permanecer abrazados disfrutando de la compañía de su enamorado(a) después de una entrega tan especial. Así les será más agradable recordar este maravilloso encuentro amoroso.

En otras palabras, ¿Qué les puedo recomendar antes, durante y después de hacer el amor?

- Mantener la buena educación siempre y sobre todo en un momento tan especial como este.
- Ser precavidos y tener en cuenta la protección adecuada para prevenir un embarazo.
- Usar su imaginación.
- Higiene corporal y bucal.
- Usar un atuendo bonito para dormir.
- La ropa interior que sea sexy, pero elegante.
- Será más interesante que poco a poco te vayas desvistiendo, o se vayan desnudando mutuamente, que presentarse desnudos de una vez.
- Quitarnos las medias y calcetines.
- Paciencia y disfrutar del preámbulo al encuentro sexual con besos apasionadamente dulces, y suaves caricias en tus zonas erógenas.
- Ser empáticos. No pensar solo en nuestra satisfacción sino también en la de nuestra pareja.
- Usar palabras halagadoras, -sobre todo el caballero.
- Comunicar a la pareja como nos sentimos. No debemos estar mudos.
- No obligar a tu pareja a situaciones no placenteras para él/ella.
- Al finalizar el coito deben usar las toallas de algodón o las desechables que ya les mencioné, para evitar mantener nuestras zonas íntimas húmedas y así librarnos de bacterias.
- Tomar agua o cualquier otro líquido que les apetezca, si así lo consideran necesario.
- Es bueno prevenir además de un embarazo, posibles infecciones.

Hay parejas que románticamente toman una ducha juntos. Otras prefieren después de este bello momento, sencillamente descansar abrazados sintiendo sus corazones satisfechos como también nuestro cuerpo. Asimismo, es recomendable no usar la misma ropa interior que teníamos puesta ante del acercamiento amoroso.

Ahora vamos a visualizar este bello y esperado encuentro. Llegan al lugar donde todo tiene una magia especial. El instinto animal que prevalece más en el hombre que en la mujer, como caballero que es, lo controla. Y pensando como una persona empática, toma en cuenta los sentimientos de la dama, para que esta no se sienta en ningún momento usada sexualmente. Después que cada uno se va permitiendo fluir según se van sintiendo cómodo, se van desvistiendo lentamente con una luz eléctrica tenue o de las velas. Quizá un masaje del caballero a la dama, sus besos y caricias, lograrán que ella se sienta tan relajada que sienta que su cuerpo está flotando en el aire y que todos esos prejuicios y pudores -más si esta es su primera vez- queden adormecidos en su mente para permitirse a ella misma disfrutar estas manifestaciones amorosas-sexuales. El caballero por su parte seguirá complaciendo a su enamorada para que entre besos y caricias -al unirse mutuamente en un solo ser- ambos puedan disfrutar con éxtasis el clímax de su primera vez. El caballero a su vez podrá culminar su tan esperado momento sexual con la bella damisela. Quien lo ha acompañado incluso con dulces caricias en sus partes más íntimas, que le ayudarán a sentirse completamente satisfecho y envuelto en el amor más deseado. Habrán vivido un momento muy especial para sus vidas, que siempre podrán recordar en el álbum mental de sus vivencias cada vez que así lo deseen. Los demás detalles, se los dejo a su imaginación.

Desde muy joven escuche que un caballero jamás habla de una dama. Me imagino que se refieren a que lo que pase dentro de una relación amorosa solo quedará entre ellos y nadie más. Mucho menos, difundir sobre lo que pase dentro de un aposento donde una pareja tuvo una bella experiencia sexual llena de amor. Ese grato e íntimo momento es para ser disfrutado y recordado por ellos -solo por ellos. No es para que aparezca en los diarios ni en las redes sociales, y menos para que se vanaglorien con sus familiares y/o amigos ¿Qué pasaría si en esta primera vez no todo resultó de fuegos artificiales? Les sugiero darse otra oportunidad y tantas como sean necesarias, si sienten que la relación *vale la pena*.

Existen casos de parejas que, aunque todo parecía ir *viento en popa*, finalmente no resultaron, al igual que algunos ejemplos personales de amigos que conozco. Y que a pesar de que ya eran personas adultas para analizar este tipo de situaciones, salieron decepcionados porque sencillamente les faltaba algún ingrediente importante para ellos. Y dichos encuentros también culminaron sin resultados exitosos. Por ejemplo, en el primer caso que deseo compartir con ustedes, ambos se comportaron muy bien desde que se conocieron. Estaban bastante entusiasmados y se tomaron unas lindas vacaciones en Cancún. Al regreso del viaje decidieron separarse ya que llegaron a la conclusión de que, lamentándolo mucho, no eran sexualmente compatibles. En el segundo caso no tuvieron que irse tan lejos. Eligieron un hermoso hotel boutique en la misma ciudad donde residían. Aquellos hoteles que resaltan el símbolo de la piña, la cual simboliza lo exótico, la bienvenida y la hospitalidad. Después de una cena romántica, brindar con una botella de champaña y de haber consumado el acto sexual, no solo no hubo chispas de colores ni emociones supremas en la habitación -por el contrario- para mi amiga resultó ¡un total desencanto!

Por otro lado, recordemos que, al finalizar una relación de pareja, nos debemos despedir elegantemente. Podemos entender que un vínculo se acabe y siempre debemos tomar en cuenta los sentimientos de las personas involucradas en esta relación. Siempre practicando la empatía. Recuerda que nunca debes hacerle a otra persona, lo que no te gustaría que te hicieran a ti.

Continuando con la hipótesis de que la relación si funciona. Les sugiero que desde la primera vez que tengamos un encuentro amoroso donde compartamos nuestro departamento, cuiden los detalles. La cama, el baño y otros sitios del lugar donde se reunieron. Así como su comportamiento. Recuerden que como les mencioné con anterioridad, *a la dama y el caballero se les conocen en la mesa y en el juego*. Además, yo le agregaría *a la dama y el caballero se le conocen en la mesa, en el juego, en el baño y... en la intimidad también*. Por lo tanto, damas y caballeros no dejen todo desordenado por donde vayan pasando. Cierren la tapa de la pasta de dientes, del champú, del enjuague o del jabón líquido. Cepillen sus dientes de una manera que no salpique el espejo en el que se están reflejando. No dejen la toalla fuera de su lugar o en el medio del baño. A menos que estén en un hotel, y así indicarle a la camarera que las toallas necesitan ser reemplazadas por unas limpias. Coloquen los papeles y la basura en la papelera. El jabón de pasta no lo dejen llenos de cabellos u otras partículas como arena de la playa. Si hay una cortina en la ducha, por favor ciérrenla para que no se salga el agua. Tengan a la mano una toalla del tamaño adecuado para secarse antes de salir del área donde se duchan. De esta forma evitarán mojar el piso del baño sin necesidad. Recuerden que el baño o tocador es ideal para asearse las orejas, la nariz o para cortarse las uñas. Para peinarse ambos y para que las damas puedan maquillarse cómodamente. Si sientes alguna plumita (flatulencia), este es también el lugar adecuado para ello. En tales circunstancias, no se te olvide la vela aromática o prende un cerillo para matizar el incómodo olor.

Todos estos detalles deberías aprenderlos en casa de tus padres. Pero si faltaste el día en que ellos se los estaban explicando a tus hermanos, es bueno conocerlos y ponerlos en práctica.

Muchas éramos tan *caídas de la mata* que en el colegio de monjas cuando estábamos en la preadolescencia, repetíamos chistes que escuchábamos a los adultos y no sabíamos el verdadero significado de lo que decíamos. Una querida amiga escuchando uno de estos chistes creyó que, si a una chica le daban un beso, se quedaba embarazada. Teníamos trece años y todavía jugábamos con muñecas. Algunas trece añeras actuales se entretienen con *muñecos,* pero de carne y hueso. Y lo más triste es que en ocasiones queriendo jugar el juego del amor, quedan embarazadas. Por eso veo con preocupación como algunos jóvenes comienzan a practicar muy pronto sus relaciones sexuales dejándose llevar por la presión de grupo y sin hacer una buena indagación. Excelente tema para un libro.

Antes algunas mujeres llegaban vírgenes al matrimonio con

solo la información que le dieron algunas personas cercanas, tales como algunos familiares y amigas. También había novias que buscaban más testimonios y experiencias en libros y películas amorosas sobre la famosa primera noche del encuentro amoroso.

En la ingenuidad de mi época, les comento que también ocurrían situaciones complicadas por no saber realmente con quien nos casábamos. Por ejemplo, conocí un caso de una recién casada que pasó su luna de miel viajando, comiendo exquisito, visitando museos donde veía el cuerpo desnudo de un hombre en museos, pero el de su esposo jamás lo vio durante ese viaje. De forma tal, que de regreso a casa continuaba siendo virgen y por pena, no se atrevía a comentárselo a nadie. A los seis meses de casada, su esposo le confiesa que le atraen los hombres y no las mujeres. Lamentablemente, este hombre se casó por la presión social y no por voluntad propia. Este tema -en tiempos pasados- era un tabú y este hombre era vetado socialmente. Aunque la homosexualidad no es cien por ciento bien vista y existen lugares del mundo donde es penada; hoy en día, en la mayoría de las naciones hay más apertura con relación a este asunto y ya no solo se menciona en las películas, programas de televisión o en los libros; sino que además, hay países donde legalmente se permite el matrimonio entre individuos del mismo sexo. Lo ideal en estos casos es que estas personas sientan apoyo familiar y de su comunidad para poder ser aceptados como homosexuales, aunque la situación no es la esperada por la sociedad o por muchas religiones, no se puede esconder la realidad y *pretender* ser heterosexual, cuando la persona no lo es. Mencioné: *lamentablemente*, porque situaciones como estas pueden perjudicar a otros seres humanos -como, por ejemplo- a la chica de la historia que les comento, quien le costó mucho recuperarse de este engaño.

Por esta y otras razones, hay padres que, aunque sean

bastante conservadores, permiten que su hija o hijo experimente un encuentro íntimo o que se vaya de vacaciones con su prometido(a) antes de casarse.

Quisiera comentarles algo de mucha importancia. Si ustedes notan un comportamiento extraño o anormal aun siendo inexpertos(as) en el tema intimo-sexual, o hayan ido vírgenes al encuentro, siempre consúltenlo con algún familiar cercano o con un profesional en la materia. Porque por muy enamorados y educados que seamos -si tenemos dudas- es mejor informarse adecuadamente. Así mismo, también existen casos en los cuales podríamos sentir algún tipo de agresión de parte de nuestro compañero(a) sexual y este comportamiento jamás debemos aceptarlo. En ninguna circunstancia podemos permitir que otro ser humano nos haga daño. Lo normal o anormal de una relación se notará, si ambos son felices con la práctica de un método o no.

Les sugiero igualmente que por el hecho de que de algunas parejas jóvenes hoy hayan decidido convivir juntas, no les recomiendo que se queden en este tipo de unión libre. Si ya saben que se aman y se llevan bien, se sienten muy compenetrados y están preparados económica y profesionalmente, sería bueno que formalicen su unión. Nos guste o no nos guste *el papelito habla y cuenta.* Además, cuando se vive con alguien, es como cuando se renta un lugar, y cuando te casas es como cuando compras una vivienda. La persona le presta más atención y se esmera más en cuidar su casa cuando es comprada que cuando es rentada ¿no te parece? Esto no significa que nuestra pareja es nuestra propiedad y nos pertenece. Significa que es nuestro compromiso velar porque nuestra relación funcione.

---

**Anécdota**

*El caso de una pareja -el suizo y su amante italiana- decidieron mudarse juntos a Japón donde él tenía un excelente trabajo en una compañía multinacional. Después de diez años de convivencia, el amante muere y todas las pertenencias que existían dentro de la casa las hereda su esposa, ya que él nunca se divorció. La propiedad estaba a nombre de otra persona para que la esposa no se la quitara. Esta persona no tenía escrúpulos y se quedó con el inmueble con el argumento de que su trato fue con el señor suizo y no con la señora italiana. La compañía multinacional donde trabajaba el amante no tenía como protegerla, ya que legalmente no estaban casados. Y la mujer italiana de la noche a la mañana después de entregarse en cuerpo y alma a este ejecutivo suizo, se quedó sin nada. Ella tuvo que marcharse de Tokio -donde residían- con las manos vacías y con su corazón roto. Y de esta forma, tuvo que irse a comenzar una nueva vida en su país de origen -Italia. Por ello es recomendable hacer las cosas bien hechas.*

A estas alturas, ya habrás repasado muchos puntos sobre tu pareja. Has ido a ver los anillos y estarás hasta leyendo un libro sobre el protocolo para bodas.

A continuación, algunos de los puntos más relevantes que deben considerar:

- Tener el tiempo adecuado para comenzar a prepararla.
- El lugar donde se oficiará el matrimonio.
- El lugar para la celebración.
- El cortejo de la boda.
- A cuantas personas quieren invitar y a quienes.
- Que tipo de código de vestimenta van a seleccionar.
- Elegir el tipo de comida y de bebidas.
- La torta o el pastel.
- Los postres.
- La decoración.
- Contratar al fotógrafo(a).
- La persona que les hará el video.
- La música que se colocará en fiesta de la boda.
- Los horarios para que este coordinado cada etapa de ese día.
- Detalles extras, como por ejemplo *la hora* loca si va a haber baile en la fiesta.

Cuando la pareja ya llega a este momento, debe estar tan coordinada, que la toma de decisiones en cada uno de los puntos mencionados será un momento agradable.

Tomando en cuenta las situaciones de *antes* y las *actuales*. Cuando mis hermanas, primas y yo nos casamos, los padres eran quienes decidían casi todos los puntos antes mencionados, incluso hasta decidían quienes serían los invitados de la boda. Se asumía que era una presentación de la joven pareja al círculo social al cual pertenecían sus padres. Nos permitían que eligiéramos a nuestros amigos más cercanos, aunque fuera una boda de 900 invitados- como fue la boda de mi hermana menor, o de 200 invitados como lo fue la mía con el padre de mis hijos. No era apropiado pedir nada a los invitados y mucho menos dinero. Aunque los familiares y amigos cercanos preferían dar un sobre con una tarjeta y el dinero de regalo a la pareja recién casada. Especialmente cuando estos planeaban vivir en el extranjero. Los regalos los elegíamos -como ahora- en tiendas especializadas para novios y si alguien preguntaba, lo podíamos comentar. Hoy en día, algunas parejas no permiten sugerencias de sus padres y hay jóvenes que eligen todo y hasta pagan sus bodas sin ayuda alguna de sus padres. Y como dice el dicho: *El que paga manda.*

El día que te casas escucharás a muchos de tus familiares y amigos de la familia recordarte refranes populares o darte consejos muy sabios ¡Escúchenlos! *Ya que más sabe el diablo por viejo que por diablo.* Aquí les comparto algunos:

- *No usen la ley de embudo, la parte más ancha para uno y la más angosta para el otro.*
- *Complace a tu mujer, trátala como a una reina, así ella educará a tus hijos como príncipes.*
- *Entre marido y mujer nadie se debe meter.*
- *Al hijo como lo crías, al marido como lo acostumbras.*
- *La mujer de Pedro no basta serlo sino parecerlo. También se aplica a los hombres, debemos ser coherentes con nuestros sentimientos, pensamientos y nuestra actuación. Si amo a mi novia o esposa, no debo irrespetarla al tener amoríos con otras mujeres.*

- *Cuando socialicen, intégrense al grupo. No se mantengan aislados agarrados de mano en un rincón del evento. Para estar así es mejor quedarse en casa.*
- *El sueño es sagrado. Respétenlo mutuamente cuando tengan días de vacaciones o fines de semana que no tengan que trabajar.*

Recuerdo que antes de que mi hija mayor se casara, nos sentamos a conversar y le dije lo siguiente: "Siempre recuerda que procedes de una familia de mujeres honorables. Tu tatarabuela fue una mujer honorable como tu bisabuela, tu abuela y tu madre. Debes ser siempre una excelente esposa fiel a tu esposo. No lo hagas por él, hazlo por ti. Cuida siempre tu buena reputación". Así mismo, pienso que no solo la mujer debe ser fiel a su esposo. También el hombre debe respetar su matrimonio.

Ambos deben tener siempre en mente los votos matrimoniales:

"Yo, -nombre de la novia-, te quiero a ti como esposa y me entrego a ti. Prometo serte fiel en las alegrías y en las penas. En la salud y en la enfermedad. En la riqueza y en la pobreza. Hasta que la muerte nos separe".

"Yo, -nombre de la novio-, te quiero a ti como esposo y me entrego a ti. Prometo serte fiel en las alegrías y en las penas. En la salud y en la enfermedad. En la riqueza y en la pobreza. Hasta que la muerte nos separe".

Es difícil cuando la vida nos enfrenta al divorcio después de muchos años de casados y recordamos ese día de los votos. A veces años tras año intentamos llevar una buena relación con nuestra pareja, pero hay casos en donde una separación es más saludable para los esposos y para sus hijos que permanecer casados. Aunque parezca mentira, los hijos lo perciben todo y ellos, aunque extrañarán no tener a sus padres juntos, saldrán beneficiados en vez de sentirse en el medio de una relación donde ya se terminó el amor. Se perdió el respeto. No existe buena comunicación. Ya no es importante compartir momentos en pareja. No existe las metas juntos. Entre otras tantas razones.

En una oportunidad una querida amiga me dijo lo siguiente: Pienso divorciarme, pero no estoy segura ¿Cómo lo puedo estar? A lo que yo le respondí: la respuesta te la vas a dar tú misma ¿Te lo imaginas viejo a tu lado? Su respuesta fue negativa. Tiempo después tomó la decisión de dar por finalizada su relación matrimonial. Hoy por hoy, se ha desarrollado muy bien a nivel profesional y su hijo, ya siendo un hombre, le agradeció a su madre dicha decisión. Porque después de haber sido dos personas juntas infelices, hoy son un hombre y una mujer que han logrado mucho separados. Sus rostros reflejan la paz y la felicidad que no hubiesen podido alcanzar si continuaran casados hoy. En este caso -el divorcio- fue una buena decisión.

Hay preguntas que nos ayudan a saber si queremos seguir dando lo mejor de nosotros en pro de la unión. Por ello le hice esta pregunta a mi amiga ¿Te imaginas junto a tu esposo cuando sean viejitos? Hay ocasiones en donde existen las condiciones propicias para que una relación de pareja funcione. En donde a pesar de los altos y bajos que pueda tener esta relación amorosa, existe una solidez y un sentimiento tan sincero, que merece nuestra energía para continuar juntos. En cambio, en otras relaciones de pareja, se haga lo que se haga, solo se logra la pérdida de tiempo y energía, luchando para salvar lo insalvable.

Por ejemplo, mis padres estuvieron juntos más de medio siglo casados. A pesar de que si los calificamos del uno al cien no hubieran obtenido los 100 puntos. Pero lo que, si aprendí de ellos, y que me ayudó mucho al establecer un matrimonio y educar a mis hijos, fue lo siguiente:

- Les gustaba alimentar su relación amorosa con salidas juntos, con viajes, con llamadas telefónicas en momentos oportunos y con otros detalles.
- Se escuchaban mutuamente.
- Mi padre siempre complació a mi madre y viceversa.
- Mi padre creía mucho en el sexto sentido de su esposa y mi madre en el buen criterio de mi padre.
- Se daban su puesto frente a nosotros y con las demás personas.
- El cuidado personal era muy importante.
- Su cama siempre estaba limpia y acomodada. Jamás se acostaban con ropa de calle en su cama, aunque fueran a dormir su acostumbrada siesta.
- Le daban mucha importancia a comer juntos en familia.
- Las sobremesas en casa eran muy animadas.
- Se cuidaban con esmero cuando se enfermaban.
- Sus discusiones eran en privado.
- Ambos se ponían de acuerdo con el darnos un permiso de salida.
- Se acompañaban mutuamente a sus reuniones sociales.
- Recorrieron el mundo agarrados de la mano.
- Se apoyaban y complementaban muy bien. Mi madre nunca cocinó y mi padre hacia excelentes platillos. A mi gusto, el pavo más exquisito y sencillo lo preparaba mi padre. Si quieres la receta, te la doy por medio de mi correo electrónico o en privado en alguna de mis redes sociales.
- Practicaban su promesa de *en las buenas y en las malas*.
- Dormían uno abrazado al otro hasta el día que mi padre falleció.

Por ello, habrá momentos en que te preguntarás: La persona con la que estoy saliendo ¿tiene futuro en mi vida? ¿vale la pena el tiempo que le estoy dedicando? ¿me valora? Y habrá otras interrogaciones que irás descubriendo en el transcurrir de tu relación.

Para dejarles una sonrisa en sus labios les comparto el siguiente chistecito:

*Una pareja de indiecitos muy inocentes e inexpertos se casan y después de la fiesta se dirigen a la habitación del hotel.*

*El recién casado le pregunta a la recién casada: "¿Quieres desvestirte u qué?".*

*Ella con mucha timidez le responde: "Pos, nos desvestimos". Y muerta de pena comienza a desvestirse.*

*Entonces, él le hace otra pregunta: "¿Quieres que nos bañemos u qué?".*

*Ella le contesta: "Pos, nos bañamos". Y se dirige hacia la ducha.*

*Ya limpiecitos se meten dentro de las sabanas: y él le vuelve a hacer otra pregunta: "¿Quieres dormir u qué?".*

*Ella, toda sonrojada, le dice: "Pos, primero u qué y después nos dormimos".*

☺ ☺ ☺ ☺ ☺ ☺ ☺

Muy definida la recién casada ¿Verdad? Espero que, en tu caso a lo mejor todavía no te has casado porque prefieres leer el capítulo siguiente de este libro, antes de tomar la decisión de:

- Dar el anillo de compromiso a tu enamorada.
- Si eres la chica, de dar un rotundo ¡Si!, cuando tu enamorado te proponga matrimonio.

- Si son una pareja no convencional y sea la mujer quien está preparándose para pedirle la mano al novio y quiere estar segura de su decisión.

O como si fuese un examen de elección de preguntas...

- Ninguna de las anteriores, pero quiero leer el libro hasta el final.

---

**Puntos Importantes de la Etiqueta de lo que tanto esperamos...**

1. *El cuidado de la higiene es súper importante.*
2. *Cuando necesites usar el baño, no es correcto mencionar la situación. Es mejor excusarse discretamente.*
3. *Dejar el baño ordenado y bajar la tapa del toilette.*
4. *No se revisa la información del celular de otra persona ni se abre la correspondencia ajena, como tampoco la cartera o billetera sin permiso del propietario.*
5. *No se escribe públicamente lo que no todo el mundo deba leer. Cuida tu privacidad.*
6. *No abusar de nadie y menos de nuestros seres queridos.*
7. *No terminar una relación, familiar, laboral, amistosa y menos romántica, por medio de las redes sociales. Se hace en persona.*

---

♥ ♥ ♥ ♥ ♥ ♥ ♥

# Capítulo *Siete*

# La importancia del conocimiento pleno de tu pareja

*"No es la apariencia, es la esencia.*
*No es el dinero, es la buena educación.*
*No es la ropa, es la clase".* Coco Chanel

Como este libro lo plantea. A la pareja que me refiero es aquella que queremos tener para toda la vida y no por una simple noche de aventura loca. En consecuencia, les daré herramientas e información valiosa tanto para el hombre como para la mujer. Para toda persona la sensación de sentir protección es agradable. Sin embargo, cuando buscamos esta protección debemos estar seguros de que nos están protegiendo realmente. Sin sentirnos limitados, usados, celados, controlados o minimizados. Por el contrario, donde nos sintamos complementados y acompañados el uno con el otro en los momentos agradables y en los no tan agradables de nuestro día a día. Por ejemplo, como con el simple gesto al sentarnos a disfrutar de nuestros alimentos o de resolver juntos algún inconveniente que se presente, como que se les escapó su perrito y salen juntos en busca de la mascota. Es por ello, que les he insistido desde el comienzo la importancia de siempre hacer las cosas bien.

Sabemos que la sexualidad tiene mucha importancia en una relación de pareja, sin embargo, también existen muchos otros puntos que debemos considerar si queremos tener un buen vínculo con nuestro compañero(a). Considero que la forma más acertada de enamorarse completamente es cuando están involucrados estos tres elementos: la mente, el alma y el corazón. El corazón es el que nos enlaza a esta persona de una forma tan maravillosa que nos sentimos complacidos, felices, y completos con su compañía. Así pues, mientras el alma siente nuestra afinidad, nuestro cerebro también debe ser tomado en cuenta. Ya que mientras el corazón está revoloteando en las nubes, la mente nos hace visualizar la realidad que el corazón no ve. Las imágenes de la pareja feliz que han formado una verdadera pareja estable se han tomado su tiempo, para poder hacer una lista mucho más amplia de la que les mencioné en los primeros capítulos. En estas listas deben predominar más las cosas positivas que a ambos les gustan, que aquellos detalles que empañan la relación de negatividad. Ellos no lo lograron de la noche a la mañana.

También existen casos de parejas que comenzaron de una forma extraordinaria donde se vislumbraba un futuro promisorio. No obstante, después de recorrer sus vidas cierto tiempo juntos, notaron que llegó el momento de analizar algunos elementos de la relación de pareja. Es importante que la lista de cosas que te gustan sea más larga que la de las cosas que te disgustan. Y es aquí cuando se presenta un buen momento para reflexionar. Y más aún cuando no han dado el paso de vivir juntos, comprometerse o a casarse.

En los capítulos anteriores, te comentamos varias de las situaciones que serian recomendables tomar en cuenta en una relación de pareja. Podemos comparar la situación como si hubieras estado manejando un auto por una carretera de curvas peligrosas, en cuyo caso debes estar alerta y con tus cinco sentidos en el volante. Habiendo tomado en cuenta las alertas con respecto a la relación de pareja de los capítulos previos; de aquí en adelante, es como si transitaras por una carretera más fácil de conducir.

Les comparto estas sabias palabras que para algunos de ustedes servirán de reflexión y para otros de confirmación.

*El escritor Venezolano Arturo Uslar-Pietri expresó en uno de sus programas de televisión, su visión de lo que para él definía a una pareja. Uslar-Pietri, comentaba que el hombre y la mujer no eran seres iguales. El expresó: "son diferentes y se complementan mutuamente". Mencionaba que era muy importante aprender a relacionarse correctamente y que debían tomarse el tiempo para conocerse bien. Así mismo, mencionó que muchas parejas se enfocaban mayormente en la parte sexual de su relación, sin percatarse de que el tiempo que pasan juntos en momentos apasionados es pequeño proporcionalmente al que pasarán compartiendo otras actividades.*

Podrías agregar estas siete (7) Cs. Basadas en mi libro "La Convivencia en Armonía". Te ayudarán a tener una buena relación de pareja:

- Cariño y Amor
- Cortesía
- Comunicación
- Cooperación o colaboración
- Comprensión
- Consideración
- Compromiso

**Cariño y amor** es demostrar el amor hacia nuestra pareja en todo lo que hagamos por esa persona. *"Para el que ama, mil objeciones no llegan a formar una duda; para el que no ama, mil pruebas no llegan a constituir una certeza".* Anónimo.

**Cortesía** vivir con una persona educada y con clase, va a hacer más placentera la relación. Para complementar esta idea, una persona cortés es educada y guarda las normas de cortesía. *La educación no pelea con nadie.* Por eso si elijes al enamorado(a) que la posea, en los momentos críticos de tu relación de pareja, será fundamental para ayudarte a salir airoso(a) de la crisis.

**Comunicación** es aprender además de hablar, a escuchar a tu esposo(a) o pareja.

**Cooperación o colaboración** es comprender que actualmente ambos deben trabajar no solo fuera de la casa, sino también dentro de su hogar.

**Comprensión** es entender a nuestra pareja. Además, ser

justos y empáticos.

**Consideración** es respetar, entender y ser amable con nuestra pareja. Ser empático/a y colocarse en el lugar de la persona amada.

**Compromiso** es cumplir con nuestra palabra, sobre todo la que dimos en los votos cuando nos casamos. "Yo, -nombre de la novio(a)-, te quiero a ti como esposo(a) y me entrego a ti. Prometo serte fiel en las alegrías y en las penas. En la salud y en la enfermedad. En la riqueza y en la pobreza. Hasta que la muerte nos separe".

Además, seria egoísta de nuestra parte pretender que la vida de nuestra pareja sólo gire alrededor nuestro y que no tenga mayor contacto con familia, amigos y hasta compañeros de clase o del trabajo. Lamentablemente, existen seres humanos que no se percatan de la importancia de conservar una buena relación con cada uno de nuestros seres queridos. La relación padres-hijos, abuelos-nietos, hermanos, amigos y otras, cada una es insustituible por otra. Por muy buena relación que tengamos con nuestro(a) compañero(a) de vida, no dejes de darle a cada uno de tus seres queridos, el lugar que le corresponde en tu vida.

Así mismo es necesario tomar en cuenta las tareas del hogar. Por ejemplo, si te casas con el hijo de la *Perfecta Ama de Casa*, él va a tener en mente que todo lo relacionado con la casa no es su obligación y que quien debe ocupar ese puesto en su hogar eres tú. Ya que él no quiere relacionarse con las labores hogareñas, debido a que su padre tampoco lo hizo.

Ahora bien, esta será una decisión que deberán tomar juntos. Y si ambos lo aceptan así, no habrá ningún problema. Sin embargo, si eres una mujer profesional y quieres desarrollar tu carrera, va a ser complicado que te encargues de tu trabajo y de todos los oficios hogareños tales como: cocinar, lavar los platos y la ropa, planchar, limpiar, acomodar las habitaciones, limpiar el polvo, la cocina, la sala, los baños, barrer, pasar trapeador, limpiar la madera y la plata, quitar las telarañas, cambiar sábanas y toallas periódicamente y también, sacar la basura. Esto sin contar los imprevistos que puedan presentarse en un hogar. Además, deberás ocuparte de las diligencias extras fuera de la casa como: ir al banco, hacer las compras de la semana para la casa, pagos -entre otras tantas cosas. Reparar lo que se dañe y coser la ropa que lo necesite. Atender a las relaciones familiares y sociales. Salir a comprar el regalo según las distintas invitaciones que reciban. Y cuando ya pensabas que tenías tu vida bajo control, aparecen los hijos con todo un nuevo grupo de tareas incluidas.

Parece mucho trabajo ¿verdad? Así es, si la persona que realiza todas estas funciones, lo hace sin ayuda ni colaboración de ningún tipo. Es por ello, que es importante que cuando ambos trabajen fuera de la casa también compartan y se dividan las tareas del hogar. Aquí podría mencionarles lo que conocemos como los actos de servicio compartidos con el ser que amas. A menos de que -por supuesto- puedan pagar una o varias empleadas domésticas que realicen todas estas tareas y así se les simplificaría la vida. Cabe aludir que todavía existen muchas

chicas que no pretenden trabajar fuera de casa porque en su familia y en el medio ambiente donde se desenvuelven, el hombre es el proveedor familiar. Todos estos puntos son muy importantes de tomar en cuenta en una pareja.

Hay hombres que en divorcio indican el hecho que sólo son ellos los que contribuyen económicamente al hogar, sin valorar todas las funciones que la esposa realiza en pro de su esposo e hijos. Una gran cantidad de esposas dedican muchas horas en los siete días de la semana por los trescientos sesenta y cinco días del año, a veces sin vacaciones, velando por el bienestar de la familia. Además, gracias a ellas sus esposos gozan de excelentes relaciones de negocios y sociales, lo cual es un hecho muy importante. Como dice mi madre: "Más mueven relaciones que dinero". Ojalá que los maridos les den la verdadera importancia que tienen en una familia, las labores hogareñas y las relaciones sociales. Hay casos, donde es el hombre quien labora en casa mientras la mujer es quien, por medio de su trabajo, cubre el presupuesto, otros gastos y ahorros relacionados con la familia. ¡Gracias a Dios! Existen cada vez más países, donde las personas que se encargan del funcionamiento familiar están protegidas por la ley.

**Anécdota**

*En una reunión social realizada en una de las bellas ciudades de Iberoamérica, una de las invitadas nos comentó que -en una oportunidad- su esposo se había comportado muy distante con ella. Cuando él llegó a su casa al anochecer, la encontró vestida de negro. A él le pareció extraño, pero no comentó nada. En el desayuno la vio de negro de nuevo y esa noche otra vez, su vestido era negro.*

*En ese momento se percató que algo estaba pasando y se atrevió a preguntarle: "Mi amor, ¿falleció alguien?".*

*Ella con una cara muy seria le respondió: "Si, nuestro gran amor. Por eso estoy de luto".*

*Se imaginarán la expresión de la cara de este señor quien estaba muy enamorado de su esposa. Después del momento tan inesperado para él, salió a buscar un hermoso ramo de flores rojas, y aprovechó para contratar a unos mariachis. Después de varias canciones y de entregarle las flores, despidieron a los músicos y con calma, aclararon el malentendido. De esta forma comprendieron que las suposiciones pueden confundirles.*

*En consecuencia, siempre es bueno preguntar primero antes de adelantarnos a suponer. Desde entonces, así lo han hecho para evitar cualquier malentendido.*

Como ya hemos mencionado en varios capítulos, hay varias maneras de manifestar nuestros sentimientos. "Los Cinco Lenguajes del Amor" de Gary Chapman son muy útiles para ayudarnos a tener una buena relación con nuestra pareja y a demostrar nuestro amor. Me gustó mucho el resumen sobre estos cinco lenguajes del Instagram de Integrando el ser. @Integrandoelser en su publicación del 2019 los define de la siguiente manera:

- *Actos de servicio* - Es cuando hacemos algo como preparar la comida, tener detalles el uno con el otro, cuidarnos cuando nos enfermamos, cuidar el hogar, etc. Es decir, son simples actos que demuestran el interés y amor por la otra persona.

- *Contacto físico* - Es el lenguaje más sencillo porque no se necesitan palabras. Se trata de dar y recibir abrazos, caricias, el beso al despedirse y antes de irse a dormir, caminar tomados de la mano, etc. Es el primero que aprendemos desde niños porque nos ofrece alivio, seguridad y afecto. Es muy poderoso ya que el contacto físico pone en acción a nuestro sistema inmunológico para combatir las enfermedades.

- *Palabras de afirmación* - Este lenguaje se trata de cuando expresamos el amor con palabras y nos sentimos amados a través de lo que escuchamos. Cuando recibimos halagos, cartas, o declaraciones de amor. Aquellas palabras que afirmen el orgullo y la felicidad de estar junto a esa persona y la valoración positiva que haces de ella. Es aquel poder que tenemos con el uso de las palabras que nos hace crear un nuevo mundo para dar y recibir amor.

- *Recibir regalos* – En este lenguaje disfrutamos del amor dando y/o recibiendo obsequios representativos de cuan importantes son el uno para el otro. Es un detalle que se ofrece de muchas maneras. Lo importante es que se da por el placer de compartir o complacer a tu ser amado y no para conseguir un objetivo en particular.
- *Tiempo de calidad* - Este lenguaje es el simple hecho de pasar tiempo a solas -sin interrupciones- creando el tiempo y el espacio para profundizar en el vínculo. A veces descuidamos estos momentos que mantienen viva tu relación. Porque recuerden el amor se expresa compartiendo momentos donde nuestra presencia es significativa.

Ahora estando en esta etapa donde ya sea que decidieron compartir sus vidas viviendo sin compromiso legal o religioso; o ya sea formalizando su relación en "Sr. y Sra.", les sugiero que de todas las plantas que periódicamente deben regar en su hogar, la del amor debe ser la prioridad. Para que cuando su familia comience a crecer, esos hijos van a llegar a un lugar donde el respeto y el buen comportamiento, siempre serán un buen ejemplo para seguir.

En una ocasión escuché a un señor mayor decir: "Para que compro la vaca si la leche es gratis". En otras palabras, discriminaban a las chicas que tenían relaciones sexuales previas al matrimonio. Además, en general era muy raro que las novias les mencionaran a sus enamorados el tema del anillo. Y aún en pleno siglo XXI, se espera que sea el caballero quien haga la propuesta de matrimonio. Así mismo, también hay casos donde la mujer es quien insinúa la idea del casamiento y la mayoría de los hombres huyen rápidamente, desaparecen del mapa y no se les ve más nunca. Lo cual tiene un punto muy positivo, ya que no seguirás desaprovechando el momento con esa persona que obviamente no te valoró y te estaba haciendo perder tu valioso tiempo, y la oportunidad de conocer a alguien que si te valore.

---

**Anécdota**

*Me gustaría mencionar que hay mujeres a las que, si les ha funcionado no solo preguntar por el anillo, sino ser ellas quienes sean las que proponen matrimonio a su enamorado. Hoy por hoy escucho con más frecuencia, sobre numerosos casos donde es la mujer quien valientemente propone matrimonio y el hombre acepta felizmente. Escuché el primer caso —de este tipo- hace 18 años atrás. Él era estadounidense y ella era una bella e inteligente alemana que después de salir juntos durante algún tiempo, decide invitar -a este caballero- a su país de origen. Después de notar que era aceptado por su familia y amigos, le pide matrimonio. A su regreso de la invitación a Alemania, este americano algo desconcertado, vino a cenar sólo a casa. Se tomó su tiempo para contarnos sobre la propuesta y nos comentó que todavía él no había dado su respuesta.*

*Mi esposo y yo le hicimos las siguientes tres preguntas:*
> ➢ *¿La amas?*
> ➢ *¿Te gustó su familia?*
> ➢ *¿Te gustó su país y su cultura?*

*Sus tres respuestas fueron: ¡Si! ¡Si! ¡Si!*
*Actualmente, conservan un matrimonio estable y permanecen felizmente enamorados. Para completar su felicidad, Dios los bendijo con la gran alegría de tener dos hermosos hijos.*

Según la religión católica fuimos creados a imagen y semejanza de Dios y con libre albedrío. Es decir que, si Dios nos da la libertad de tomar cada una de nuestras decisiones, hagamos uso de esta libertad. Eso sí, teniendo la empatía de pensar que si la novia (vamos a pensar que sea novio el que tome la iniciativa), ya está esperando a estar comprometida, vamos a complacerla. Para luego dar el paso, a ese ansiado momento que la mayoría de las parejas enamoradas sueñan con vivir y experimentar con la persona amada. Poder frente a sus amigos y familiares, reconocer el compromiso de amarse, respetarse, acompañarse en las buenas y en las malas, hasta que la muerte los separe. Y con todas las miradas de los invitados presentes, camarógrafo(s) y fotógrafo(s) enfocados en ustedes, se besan - ese beso socialmente si está permitido- entre aplausos, risas y llantos de felicidad. La música -que juntos eligieron- crea un ambiente de armonía, cuando tomados de la mano y ya convertidos en *marido y mujer*, pasan con sus rostros radiantes de felicidad, frente a todos los invitados.

Este momento es único y vale la pena vivirlo. Cuando atravesemos situaciones difíciles, rememoren el día de su boda. Les recordará que vale la pena no darse por vencidos y continuar siempre hacia adelante.

Además de mis padres, existen varias parejas de mi familia y amigos que ya han cumplido Bodas de Plata, Bodas de Oro y conozco una que ya cumplieron sus Bodas de Platino. También podríamos mencionar a varios monarcas, grandes personalidades del mundo de la política y hasta de la farándula, el cual es celebre por los divorcios, debido a lo complicado que es mantener las relaciones amorosas por motivos del trabajo. Lo cual demuestra que, si existen matrimonios que pasan sus tempestades y permanecen unidos. Me gustaría mencionar una pareja que ha cumplido más de cuatro décadas juntos, la de Michael Caine y su esposa Shakira Baksh.

Recomendaciones que pueden tener en cuenta para mantener una buena relación con su pareja:

- Enfóquense en lo positivo.
- Siendo tolerantes con las diferencias.
- Saliendo de la rutina cada vez que puedan.
- Aprendiendo a compartir su cama, pertenencias y el espacio en general.
- Busquen la manera de mejorar cada día en pro del bienestar familiar.
- Dense un beso apasionado diariamente. Eso genera oxitocina.
- Perdonando a tu pareja, y él o ella corrigiendo la actuación inapropiada.
- Tener presente siempre que el respeto es muy importante en las relaciones humanas, sobre todo con nuestra pareja.
- Fieles sentimentalmente. Este punto es muy importante, por eso se lo repetimos.
- Dedíquense el tiempo adecuado y cuidando siempre los detalles.
- Cuando sean inflexibles en ciertas circunstancias de su relación, acuérdense que cuando hay vientos huracanados,

las palmeras por su flexibilidad, reciben menos daño durante la tempestad que los árboles rígidos.

- Recuerden que, si no empezaron como amigos, con el trato, tu pareja debe ser tu mejor amigo(a), esposo(a), amante, aliado(a), nuestro mejor fan, y nuestra persona de mayor confianza.
- Aplicar la frase hermosa del abuelo de una apreciada amiga -la Dra. Jasmín Sánchez- Analista y Resolucionista de Conflictos que dice: "Si observas algo a tu paso que te incomoda y no haces nada para solucionarlo, te conviertes de inmediato en cómplice de lo incorrecto".
- Enamórense constantemente de la misma persona, su esposo/a. Tengan muchas *Lunas de Miel,* rememorando cuando estaban recién casados.

Finalmente les digo, que todos estos puntos son parte del triunfo de muchos matrimonios que han sido bendecidos por muchos años de unión. Ojalá consigas a la pareja que estás buscando y se adapte a tus medidas. Si ya la tienes, espero que, con la lectura de este libro, su relación se fortalezca a través de su práctica.

### ¡Que Dios los bendiga!

**Puntos Importantes de la Etiqueta para el conocimiento pleno de tu pareja:**

1.  *Se debe mostrar respeto hacia las personas mayores, a tus padres, a tus suegros -si estás casado(a)-, a los maestros, a tu(s) jefe(s), a la autoridad, y aquellas personas que se hayan ganado un lugar en la comunidad por su labor y buen comportamiento.*
2.  *Respetar la individualidad de tu pareja.*
3.  *Recordar y celebrar las fechas importantes.*
4.  *No limitar las metas y sueños de tu cónyuge.*
5.  *No traicionar su confianza.*
6.  *No ridiculizarlo(a).*
7.  *Aplicar todas las normas del buen comportamiento, especialmente con nuestro compañero(a) de vida.*

♥ ♥ ♥ ♥ ♥ ♥ ♥

# Conclusión

Un día después de una noche romántica con mi esposo -en un viaje a México- estuvimos conversando animadamente y de pronto él me comentó: ¿Por qué no escribes un libro sobre el protocolo sexual?". Se imaginarán la risa que me dio; y, sobre todo mis amigas que me conocen de toda la vida saben que, el tema no es de los converso con ninguna de ella, ni con mi familia. Sólo con mi esposo. Estudié desde los tres hasta los dieciocho años en colegios católicos. Donde te recomendaban que si tenías un mal pensamiento rezaras para que desapareciera. Al ir creciendo esos malos pensamientos nos daban a entender que se referían aquellos deseos que, con los cambios de la adolescencia, una chica podría tener. Un día me confesé cuando tenía catorce años porque me *emocioné mucho* viendo la película de "María" basada en el libro del escritor colombiano, Jorge Isaac.

Para nosotros, hablar de sexo, era considerado algo muy personal. Por lo tanto, no era el tipo de tema que conversaba con mi madre ni mis hermanas, y actualmente tampoco lo hago con mis hijas. No solía ser el tópico de una tarde de reunión de mujeres. Creo que lo más pornográfico que escuché de algún familiar estando soltera, fue de una tía abuela que se casó con un señor de cuarenta años a la edad en la que yo sólo me *emocionaba*, los catorce años. Quien por cierto murió catorce, años después, dejándole viuda muy joven. Un día y en voz baja -como quien te va a contar una confidencia- me comentó lo siguiente: "Tu tío abuelo y yo hacíamos el amor a oscuras, y después nos teníamos que ir a bañar al rio". Ellos eran hacendados y no quise hacer preguntas al respecto. Por ejemplo, como: ¿Por qué no se bañaban en la ducha? Me hubiera muerto de pena antes de hacer una pregunta de este tipo. Sin embargo, me quedé con la curiosidad y quizás si ese comentario me lo hubiera hecho en este siglo, tal vez yo hubiese sido más liberal al hacer cierto tipo de preguntas sobre algunos detalles de lo ocurrido entre mi tío abuelo y ella.

Hoy medio siglo después, a mi regreso a La Florida -donde resido- decidí que, en vez de escribir sobre el protocolo sexual, iba a investigar y a escribir sobre el protocolo y la etiqueta que debía tener una pareja para crecer de forma exitosa. Desafortunadamente no existe mucha información relacionada con este tipo de protocolos. Sin embargo, acepté el reto de que este -mi sexto libro el cual podría considerarse el séptimo si tomamos la segunda edición de La Convivencia en Armonía como otro libro- pudiese recopilar algunas ideas para ustedes. Aquellos jóvenes -y no tan jóvenes- que desean encontrar a la pareja ideal. Especialmente para las parejas *millennials* que anhelan alcanzar el éxito, y además conocer cuáles son el protocolo y la etiqueta para conservar a su pareja hasta que la muerte los separe.

Debo resaltar que si con nuestros hermanos -quienes proceden de un mismo padre, una misma madre o ambos progenitores- no somos iguales a pesar de que nuestros genes y medio ambiente fueron los mismos, no podemos esperar que nuestra pareja posea las mismas perspectivas de la vida que nosotros. Habrá puntos de vista que coincidirán y otros donde tendrán que negociar armoniosamente. Ya que esto es justamente lo interesante de la convivencia. Es importante considerar que nuestra pareja no es nuestra copia, ya que, de ser así sería muy aburrido. Lo que sí es divertido es ir creciendo y hasta envejeciendo juntos. Tratando de recordar siempre que el amor no desaparece y que continuamente se transforma a través de nuestro trato, y las necesidades que se presenten en el transcurso de nuestra convivencia; y definitivamente, conforme vayamos envejeciendo. Por supuesto también habrá situaciones y gestos que, con la coexistencia nos ayudarán a parecernos cada día más y más.

Sabemos que no tenemos la verdad absoluta. Antes de exigirle a nuestra pareja que sea perfecta, debemos reflexionar sobre nuestra manera de actuar. Es recomendable por nuestro bien y el de las personas que nos rodean, tratar de ser mejores seres humanos en nuestro día a día; por lo tanto, no es recomendable utilizar la palabra divorcio o separación como salida de algún problema o circunstancia momentánea. Cada noche antes de dormir, examinen su día y piensen que pueden hacer mejor en el próximo amanecer. El analizar diariamente nuestra actuación lo usaremos en diversas situaciones, como circunstancias que ameriten decisiones muy importantes, ya sea en el campo laboral o familiar. Así mismo lo emplearemos en situaciones menos relevantes de nuestra existencia, como lo es un evento social. Por ejemplo: una reunión en la oficina o fiesta en casa con la familia, amigos e hijos -si los tienen. Piensen cuidadosamente en cada detalle: la música, la cantidad de comida y bebida, quienes serán los invitados, la decoración, etc. Si después del evento todo resultó un éxito... ¡Felicitaciones! Si pueden -juntos- mejorar algún detalle, ¡anótenlo!, aunque sea guarden esta información en sus mentes para mejorar los pormenores necesarios la próxima vez.

Recuerden que cada acto que realicen en su hogar debe poseer la mejor energía posible. No dejen de actualizarse en sus carreras profesionales y en su vida personal tanto en los temas actuales como en lo referente a una mejor convivencia. Como bien saben estudiamos varios años para ejercer una profesión. En cambio, para un tema tan importante como nuestra familia -muchas veces- no le damos la importancia que ésta verdaderamente merece. En ocasiones manejamos las situaciones lo mejor que podemos; y conforme mejor capacitados estemos, las posibilidades de ser triunfadores en las metas que nos tracemos serán mayores siempre. Tomando en cuenta que lo que empecemos, debemos terminarlo muy bien y no a medias, hasta no culminarlo en su totalidad.

En la actualidad, queremos marcas de renombre en todo lo relacionado con nuestro exterior -vestimenta, perfume o colonia, zapatos y otros accesorios- que nos den la apariencia de ser personas ejemplares y exitosas, pero deberíamos ser coherentes y darle la misma importancia a ser personas ejemplares demostrando una buena escritura, manteniendo conversaciones donde manifestamos una excelente cultura general -recuerden que *verbo mata a carita*-, deberíamos saber comportarnos adecuadamente en diversas situaciones y además, el punto más importante ¿hemos logrado tener control sobre nosotros mismos?

Es importante darle siempre un toque personal a todo lo que hacemos, en particular a la relación con nuestra pareja. Como, por ejemplo, llevarle a ese ser especial el desayuno a la cama los domingos, cuidando cada uno de los detalles necesarios. Tales como colocar sobre la bandeja: el plato adecuado acompañado de sus cubiertos, el vaso, la taza, la sal y la servilleta del lado correcto – el izquierdo- y como un pequeño detalle le pondremos una flor en un pequeño florero. Además, amenizaremos dulcemente este momento tan especial que hemos preparado para nuestro amado(a), con una romántica música de fondo. Con detalles así, ¿cómo no los van a amar?

Al llegar hasta la conclusión de este libro, significa que ya recorrieron los siete (7) capítulos, donde espero que ustedes -amigos lectores- los hayan disfrutado uno a uno, página por página; y noten, que la información contenida está basada en el punto de vista tradicional, combinada con la época actual. Para darles a ustedes herramientas que les sean favorables en su relación de pareja. Estas herramientas son producto de los conocimientos provenientes de la información recaudada, los estudios académicos, los ejemplos reales y la experiencia recolectada a través de los años de mi existencia para que, con esas ideas y sus propias conclusiones, logren que su relación amorosa tenga un final feliz y exitoso.

Será un placer para mí conocer sus opiniones, sugerencias, comentarios y hasta aquellas críticas constructivas que puedan aportar algo bueno para las ediciones siguientes.

**¡Qué viva el sexo!** Si es con sentido, pero sobre todo...

**¡Qué viva el Protocolo & la Etiqueta de una Pareja Exitosa!** Que nos ayuda a tener ideas, reglas y normas para atesorar mejores relaciones humanas.

# Sobre la autora

Nació en Venezuela donde hizo sus estudios primarios y secundarios en un prestigioso colegio para señoritas en Caracas - su ciudad natal. Se gradúo de ingeniero civil en Worcester, Massachusetts. Ha vivido en tres países de Iberoamérica, en varias ciudades de Estados Unidos y pasa largas temporadas en Alemania. Su pasatiempo favorito es viajar, conocer otras culturas y disfrutar de la gastronomía de diferentes lugares del mundo. Es sociable y siempre encuentra motivos para tener una fiesta, reunión o comida en casa y así disfrutar de la compañía de familiares y amigos. Casada con su gran compañero e inspirador de muchos de sus libros, -Oliver Neumeister-, juntos tienen cinco hijos: Dos del primer matrimonio de Oliver y tres del primer matrimonio de Yelina. Quienes mantienen una excelente relación entre todos. Además, Yelina y Oliver ya son abuelos de varios nietos hermosos.

Ha tenido el gusto de conocer personas educadas de distintas culturas y de varios países. Siempre comenta que *los buenos modales no sólo son útiles para la aristocracia europea, sino para todo el mundo*. Además de su título de Ingeniero Civil, Yelina ha asistido a diversos cursos entre los cuales podemos mencionar: de escritura creativa, cursos de ventas, prácticas del feng shui, Reiki, conferencias sobre el Zen Coach, y varios relacionados con la psicología humana, haciendo énfasis en la mujer. Además, ha cursado diplomados en Finanzas, en Historia de las Religiones, y también, sobre el protocolo y la etiqueta, tema al cual le ha dado más énfasis en los últimos años. Su ideal es que los conocimientos que ha adquirido por medio de sus estudios, viajes, y experiencias de la vida, puedan ser útiles a otras personas. Este deseo es su motivación para sentarse numerosas horas a escribir y así dejar plasmado en sus libros, las ganas de que el lector de cada uno de sus proyectos literarios note que, si ponemos en práctica la empatía y el buen comportamiento, el mundo será mucho mejor para todos.

Trabajos literarios de la autora:

La Convivencia en Armonía: Practicando la "Buena Educación", en nuestro día a día (2da. edición). **Yelina A Nieto | Julio, 2019**

Mas de 100 Ciudades Visitadas y más de 10 Vividas: Mi experiencia resumida de vivir 40 años fuera de Venezuela. **Yelina A Nieto | Junio, 2018**

El A B C: de la Buena Educación. **Yelina A Nieto | Marzo, 2018**

Sofie y los Buenos Modales. **Yelina A Nieto| Abril, 2017**

Hagamos de una casa, un Hogar. **Yelina A Nieto/ Ofelia Hernández | Abril, 2011**

La Convivencia en Armonía: Practicando la "Buena Educación", en nuestro día a día (1ra. edición). **Yelina A Nieto | Mayo, 2008**

# REFERENCIAS

Alegría, C., (2018). *Sexo Sagrado,* CreativeSpace, Columbia, S.C.

Antillón, F., M., (1979). *Cortesía y urbanidad en la vida diaria,* Lehmann Editores, Costa Rica.

Baldrige L., (1985). *Complete guide to executive manners,* Rawson Associates, Pennsylvania.

Bethanne, P., (2011). *An Uncommon History of Common Courtesy*, Washington, D.C.

Carreño, M., A., (1853). *El Manual de Urbanidad y Buenas Maneras,* Caracas.

Dumas, P. & Lesur, L., (2005). *Le convive comme il faut,* Aubin Imprimeur, Francia.

Eichler, L., (1958). *Nuevo Libro de Etiqueta*, Ediciones Hymsa, Barcelona.

Gillmann, D., (2015). *Knigge für Dummies,* Munich.

Gordoa, V., (2007). *El Poder de la Imagen Pública,* México.

Hamel, M., (1984). *Sex Etiquette,* New York.

Johnson D., (2010). *The Little Book of Etiquette,* Filadelfia.

Labón, C., R., (2006). *En Jeans, pero con Modales*, Trillas, México.

Losada, C., (2006). *Protocolo moderno y éxito social*, Alianza

Editorial, Madrid.

Neumeister, T., (2018). *Tatiana's ABC of Good Manners,* Múnich.

Perrier-Robert, A., (2011). *Ideas para Servir la mesa*, Madrid.

Post P., (2004). *Etiquette*, New York.

Schillebeeckx, E., (1970). *El Matrimonio, realidad terrena y misterio de salvación,* Ediciones Sígueme, Salamanca.

Schmidt-Decker, P., (1995) *Das grosse Buch des guten Benehmens*, ECON Verlag, Alemania.

Selecciones del Reader's Digest, (2006). *¿Somos amables? Prueba internacional de cortesía,* México.

Spade, K., (2004). *Manners*, Italia.

Vargas, G., (2000). *El arte de convivir y la cortesía social.* Editorial Planeta, México.

Vilar, E., (1973). *El Varón Domado.* Grijalbo, Barcelona.

Zúñiga, A., (2006). *Etiqueta Moderna*, Colombia.

Zingg, M., & Aranaga, M., (2010). *Glamour para llevar*, Caracas.

## REFERENCIAS PROVENIENTES DE INTERNET

@alfonso feliz (2015). https://www.encontrarse.com/n/51523-por-que-la-gente-grita-cuento-tibetano.

Bernal, Paola, (2013). Reglas de Etiqueta en Pareja, Vanguardia, Colombia.

Emol, (2011). Protocolo Sexual, Emol, Chile.

E P Mundo, (2018). Quiénes son los que mejor besan de acuerdo con el zodiaco.

Debayle, Martha, (2017). El secreto de las parejas que perduran, México.

Hernández, L., Protocolo de pareja en espacios públicos para que su relación funcione, Berelleza.

@Integrandoelser, (2019). Los 5 lenguajes del Amor, Integrando el ser, Madrid.

https://www.poeticous.com/andres-eloy-blanco/pleito-de-amar-y-querer

Uslar Pietri, Arturo, (2000). Valores Humanos, Arturo2000, Venezuela.

♥

www.ingramcontent.com/pod-product-compliance
Lightning Source LLC
Chambersburg PA
CBHW040129270326
41928CB00001B/4